打开天窗 说亮话

财智

WEALTH

文化 天窗

机不可失

寻找沪港通的股市机遇

曾渊沧 著

中国人民大学出版社
·北京·

目录

第 3 章　两地市场存差异 须认清风险

第 4 章　复制沪港通模式

第5章 看透中国经济新思维

第6章 沪港通投资机制须知

引　言

2014年4月10日，中国国务院总理李克强亲自宣布沪港通会在大约六个月之后正式开通。我非常看好这个新政策，并曾在报章的专栏中撰文评述，认为这对上海及香港股市都有好处。我也强力推介香港交易所（0388）这只股票，认为此股将受益巨大。

从一开始看好沪港通

然而，从4月11日开始，香港股市却下跌了近一个月。冷言冷语的人很多，香港交易所的股价没有上升，而是下跌。但是，我依然继续看好，观点不因股市调整而改变。5月7日，恒生指数完成调整，再度回升。不过，已很少有人再谈起沪港通，道理很简单，李克强总理宣布沪港通信息之后，港股是下跌而不是上升，5月7日后的回升，也被市场视为一波大型的上落市（即区间波动）。2014年的上半年，恒生指数出现三次大调整及三次回升，典型的上落市。不过，5月回升之后，就没有出现过显著的调整，7月之后，恒生指数升势显著扩大，上证综合指数也有突破性的升幅。于是，市场再度热烈讨论沪港通的议题，沪港通概念股也成了股民追捧的对象。

很有趣，写这篇引言时，恒生指数已出现7连跌，调整幅度超过1 000点，是过去四个月里最大的调整。距离沪港通正式开通只剩下约一个月的时间，港股出现调整，是股民趁沪港通正式开通之前套利？还是股民根本对沪港通就没有信心？

更需了解中国政治经济改革

也许，我们应该从单一的沪港通概念跳出去，从更高的视角来看，就会看到沪港通实际上只是习近平主席上台之后，一连串的政治经济改革的组成部分之一。因此，要真正了解沪港通，真正了解中国的政治经济的改革，就必须从2013年中共十八大三中全会说起。本书的第5章就详细分析三中全会闭幕当天，政府发表的公报内容。这份公报的全名为《中共中央关于全面深化改革若干重大问题的决定》，这份《决定》透露了未来国企改革及沪港通概念的构思。香港是中国的一部分，是中国最重要的特别行政区，而上海是中国政府重点培育的金融中心，很自然地，中国政府的深化改革不得不涉及上海与香港。要了解中国经济改革，同时也必须了解中国的政治局势，这也是为什么我们得深入研究三中全会及中共中央的《决定》。

观看2014年中国的政治行动，我们看到了翻天覆地的反腐行动。

有趣的是，随着石油帮巨头的落马，在香港上市的国企石油股中石化(0386)及中石油(0857)的股价却上升。

习近平上台之初，抛出一个“中国梦”的远大理想。那是用经济的角度来描述他的“中国梦”。不过，习近平自上台至今，国际上赞许得最多的不是他的经济改革，而是反腐。习近平反腐力度之大，在中共史上是前所未见的。大量贪官被捕下台，被拿下的贪官官阶有高有低，正所谓“老虎与苍蝇一起打”。

负责反腐的中共中央纪律检查委员会书记王岐山说，反腐在令官员们“不敢贪”的工作上已初见成效。是的，今日中国官场贪腐之风也大大改变了，大小官员都不敢收礼，高档消费品、高档消费场所的生意一落千丈，五星酒店降价招客，月饼滞销，千元、万元一盒的名贵月饼更是全面消失。

反腐的前两部曲正在进行

人人都知道，抓贪官只能治标而不能治本，王岐山也公开说反贪腐可分三个阶段。第一阶段是令官员们“不敢贪”，第二阶段是令官员们“不能贪”，第三阶段是令官员们“不想贪”，达到第三阶段才可以说反贪腐已圆满成功。目前，王岐山认为他只是在第一阶段——令官员们“不敢贪”的工作上“初见成效”。反贪腐有必要继续深化，向第二阶段进军。

第二阶段是令官员们“不能贪”。要令官员们不能贪，就必须进行政治、经济体制的大改革。2013年中共十八大三中全会之后，习近平亲自领军成立的中央全面深化改革领导小组所做的事，基本上就是向着令官员们“不能贪”的方向前进。或者说，他令反腐的前两个阶段，“不敢贪”与“不能贪”同时进行。

若使官员们“不能贪”，那么，在政治体制上就必须削减官员们的权力。2014年9月11日，中国国务院总理李克强考察天津滨海新区行政审批局，见证109枚公章永久封存的仪式。现在经过改革之后，一枚公章取代过去109枚公章的权限，换言之，过去行政审批要经过109个衙门批准，就可能有109个官员伸手要钱。现在，至少108个官员“不能贪”，只要好好地盯住管控这唯一公章的官员就够了。

除了中央政府机构限制官员权限之外，在经济体制上努力推动市场自由化，也是限制官员权力使之不能贪的方法。2013年中共十八大三中全会的总结文件中，就多次提到要彻底做到市场是资源分配的唯一因素。当社会资源完全由市场来决定时，官员就是想贪也没门路。

抓贪官可以以迅雷不及掩耳的速度进行，而政治、经济体制改革的速度却不可能以同样的速度前进。因为改革绝对不简单，要考虑的因素非常多，现在仍只是工作的初阶。

港交所券商股最得益

本书书名为《机不可失》，正是要告诉读者朋友们沪港通是个机遇。但是，除了香港交易所及一些券商股的确可以长期得益于沪港通，其余的所谓沪港通概念股实际上只有短期炒作的价值。因此，我们要捕捉的机遇不仅仅是沪港通概念，更应该是习近平全面多样的政治与经济大改革。很明显，习近平的反腐行动不会因为周永康这个大老虎被打下去而停止。不少评论把习近平的反腐视为中共的权斗，认为习近平反腐的唯一目的是要把政敌打下去，这是绝对错误的分析。我相信，习近平是有决心在他十年的任期之内，长期不断地推动王岐山所设的“不敢贪”、“不能贪”的反贪三部曲的前两部曲。至于“不想贪”，那就得依靠百年树人的道德教育了。

打贪有利国企利润增加

国企的领导亦官亦商，他们“不敢贪”，他们所领导的国企利润便会增加。不过，从机遇的角度来看，这只是小儿科，更重大的机遇是如何落实“不能贪”。要做到“不能贪”就必须开放市场，让民企进入传统上由国企垄断的行业。所以民营银行慢慢出现，所以中石化出现大改组，分拆汽油站的零售业务引入民间资金，中信股份(0267)整体上市，让香港的监管机构来监管整个中信集团……许许多多的改革仍在布局中，会陆续推出，这些改革所带来的机遇是非常巨大的。长远而言，沪港通一定会推动在上海交易所上市的企业也接受香港证监会的监管。当然，公平起见，在香港上市的企业也会受中国证监会监管。不过客观而论，如今香港的监管水平还是比较高的。

坚守价值投资定律

本书的第1章提到，沪港通的目的之一是协助推动人民币国际化、自由化，提高人民币的境外用途。媒体报道说，英国政府已发行30亿人民币国债，发行国债所得的人民币将用来当成英国的外汇储备。这说明人民币的国际地位已有了显著的提高。今日中国作为世界第二经济大国，人民币却不能自由兑换，这的确有损大国的面子，而沪港通就是中国政府开启人民币资本账的一个过程。当有一天沪港通的限额不断扩大至无限大的那一天，实际上人民币已可能自由兑换了。

如果你问我，沪港通正式开通之后，上证A股有什么股值得买?

我的答案依然是沿用我过去一向以来的投资策略，即坚守价值投资的定律，绝不追高，只选市盈率低，市净率低，业务有潜质的企业并长期持有。

“曾氏通道”捕捉入市信号

涉足股市多年，我拒绝相信人云亦云，宁愿相信科学化的分析，来判断自己应否入市。我在1993年发明“曾氏通道”（见图0—1），将恒生指数经过对数化之后，再以线性回归代表其长期走势。高于中间线（图0—1（a）中的C线），即可说股市过于乐观；低于此线的，则代表股市过于悲观；刚好在中间线上，则反映指数处于较为“合理”的水平。

以往我曾经多次运用“曾氏通道”，分析股市的顶点和最低点，准确地找出买卖信号。譬如说，2008年10月恒指已跌穿“通道”的底部（图0—1（a）中的A线），我相信恒指在10 676点已见底。当时不少权威分析员还言之凿凿，说恒指还要见到7 000点，金融海啸第二波马上出现等。结果如何？转眼大市已回升，而到了2009年底，恒指更足足上升超过一倍。

按目前情况，大市是在“通道”的B线与C线之间上落徘徊三年多，目前正处于C线，这表明大市已渐渐由悲观进入中性，如果能突破C线，这极可能是另一波大升浪。

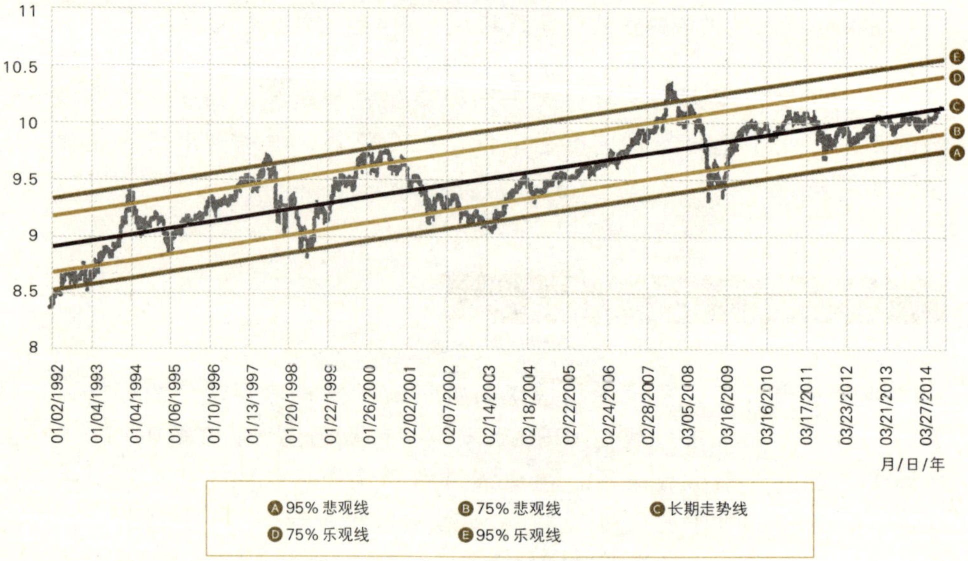

图0—1（a）“曾氏通道”——香港恒生指数

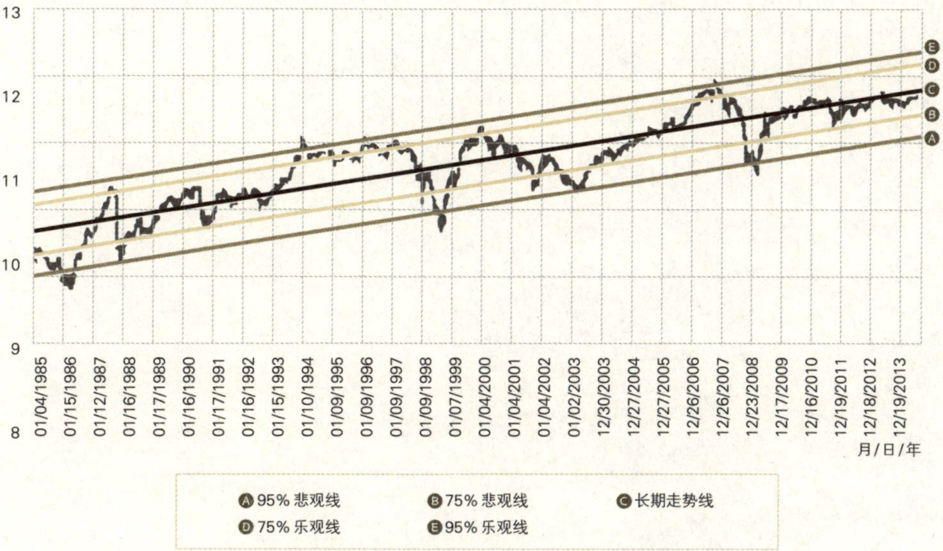

图 0—1（b）“曾氏通道”——新加坡海峡时报指数

1

2

❸

❹

5

6

❼

❶ 机会不会经常出现，不过，机会只属于有准备的人。

❷ 若非亲临其境，很难感受到股市的凶险。

❸ 瀑布顶真的有鱼钓？市场上就有许多愿者上钩的股。

❹ 西藏布达拉宫是宏伟的，但是，无法比天更宏伟。投资的成败，听天由命能使自己心情平静。

❺ 宁静，放松，对投资者至关重要。

❻ 路是人走出来的，但是，发达之路并不容易走。

❼ 香港中环除了高楼之外，换个角度，还可以欣赏到盛开的木棉花。投资之道也经常要换个角度来思考。

第1章

沪港通启航

chapter 01

第1章

沪港通启航

港股直通车被前总理温家宝叫停，因此，终其任期，港股直通车无声无息。现在，习近平主席上台了，习近平一上台就高喊改革，大胆的改革。于是，港股直通车再次出现。

chapter 01

真正的意义和作用

2007年，一手将香港恒生指数由不足20 000点推上32 000点的“港股直通车”，在传了三个月之后消失了。

当年的“港股直通车”，使得恒生指数在短短的三个月由19 836点升至31 958点，升幅达65%，更使得港交所（0388）股价由96.8元升至268.6元，升幅更高达1.77倍。后来，前总理温家宝出来说港股直通车不开了。从此，恒生指数就不再见30 000点，港交所更糟糕，在“沪港通”出现前，股价跌至剩下当年的一半，当年高价追买者无不亏损惨重。当然，当年之所以有这么多人追捧港交所，是因为有专家说港交所可以升至500元，恒指可以升至40 000点等。

2007年—2014年，这期间，有关港股直通车重开的消息不绝于耳，以各种各样的形式重现。但是，消息总是传了一阵之后就没了下文。当然，有一天，当人民币可以完全自由兑换时，港股直通车就自然存在了，不必特别搞什么安排。到那个时候，内地居民可以随时把人民币兑换成港币汇至香港，买什么都行，自然包括买港股。只是，这一天还很遥远，到了那一天，港股是不是还像2007年那样吸引内地投资者？相信不会了2007年时，内地A股炒作得比港股更疯狂，同一家上市企业，A股股价高H股许多。因此，人人都认为一旦港股直通车一开，内地投资者必会涌入香港买他们熟悉的国企H股。

港股直通车被前总理温家宝叫停。终其任期，港股直通车无声无息。现在，习近平主席上台了，习近平一上台就高喊改革，大胆的改革。于是，港股直通车再次出现。

这次的沪港通，是要帮助人民币走向国际，达成自由兑换的一个试验点，而且容易控制。沪港通的形式是定额的，由中央政府监管机构—中国证监会来控制金额，而且是双向的，即有港股直通车，也有沪股直通车。

过去几年，内地机构投资者与香港机构投资者已经可以通过合格境内机构投资者（QDII）及合格境外机构投资者（QFII）来让在香港的机构投资者买内地A股，同时让内地机构投资者买港股。因此，只要将QDII及QFII稍为变通，让个人投资者也可以进行同样的跨境投资，那就是新版的双向港股直通车了。这种情况就类似2003年开始的自由行，内地称自由行为个人游，即个人不必参加旅行团而可以自己来香港游玩，旅行团的集体游览就等于机构投资者，集合个别小股民的钱作集体投资，旅游亦可以有自由行、个人游。

迟来七年终于开通

七年后的今日，港股直通车终于再次提上日程，同时加上了沪股直通车，成了双向的沪港通。

当年的港股直通车概念使得香港股市热闹了两三个月，恒生指数上升60%至32 000点（见图1—1）。但最后，港股直通车没开动。2014年4月10日，李克强总理亲自宣布沪港通将正式推出。当天，恒生指数急升至23 186点，但只上升一天就无以为继。一个星期后，即4月17日，恒生指数收市报22 760点，比4月9日、即宣布沪港通前的收市水平还低（见图1—2）。沪港通的热潮冷却得这么快！于是媒体财经版出现了许多冷言冷语，大泼冷水，将沪港通批评得一文不值。是的，股市以成败论英雄，沪港通宣布后一个星期，恒生指数不升反跌，股民做出如此结论是正常的。

沪港通绝对不是创造条件让股民疯炒。2007年港股直通车概念公布后，上海、深圳、香港股市都出现疯炒，最后终于被中央政府叫停。相信叫停的原因之一，就是股民已经为港股直通车而疯狂了，再不叫停，泡沫吹得更大，爆破后的杀伤力也会更大。

2007年也许时机仍未成熟，而且缺乏上限的控制，容易失控。经过多年的再研究，沪港通正式开启，从此，内地机构投资者及拥有资金超过50万元人民币的个人投资者可以直接买港股，总额2 500亿元人民币，每日上限105亿元人民币。同样，所有香港投资者都可以直接买A股，总额为3 000亿元人民币，每日上限为300亿元人民币。

这是喜讯，而且是双向的，因此不存在“送大礼”的批评。当然，全世界那么多城市不选只选香港，这也的确是一份大礼，可以加强香港金融中心的地位。不过，我们也不能排除将来沪港通的形式会扩展至其他城市的股市，或许新加坡、伦敦、纽约都有机会。

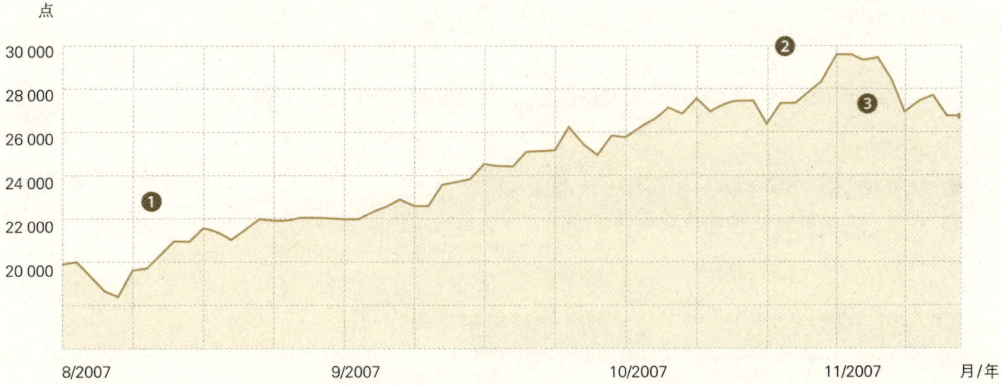

图1—1　恒生指数2007年表现

❶ 8月下旬传出港股直通车后徐徐上升。

❷ 10月25日突破30 000点，收报30 405点。

❸ 11月4日温总理表示暂缓直通车，恒指随后的首个交易日开市急跌1 526点，收报28 942点。

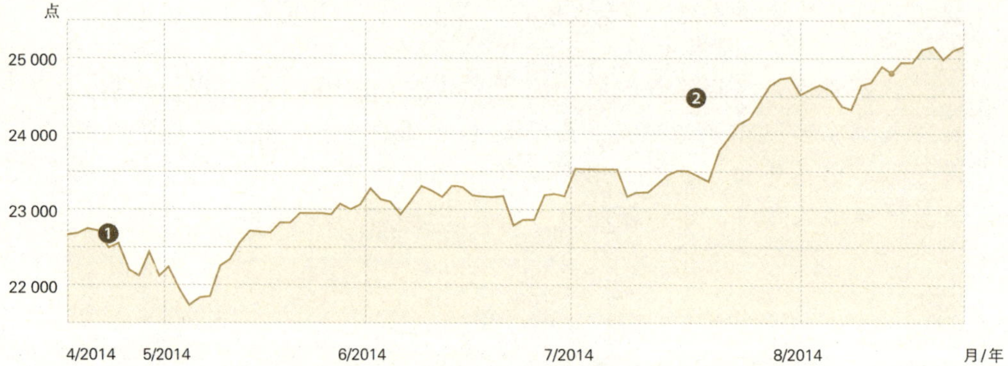

图 1—2　恒指在沪港通消息公布后表现

❶ 4 月 20 日公布沪港通后，仅升一天后反复回软。

❷ 愈近沪港通开通，恒指反复向上。

推动人民币国际化

这一回，沪港通令股市只炒一天就冷并不是坏事。因为沪港通的真正目的，并不是制造炒作机会，而是为人民币走向国际的过程推了一把，香港是先行先试的首站。沪港通开放了中国资本账自由流通的先例，内地股民可以把人民币转到香港买股票，香港及国际投资者也可以运用境外人民币来买上海交易所的股票。这么说，人民币在这个买卖行为中是自由流通了，由上海到香港、香港到上海。

对中国政府来说，这是人民币国际化过程中重要的一步，中国股民可以用人民币买香港股票，全世界的人可以用留在香港的人民币买上海股票。过去几年，中国政府很努力地推动人民币国际化、自由化，先在香港建立人民币离岸中心，于是香港累积了近万亿元人民币。但是，这些人民币基本上没有多大的用途，因为留在香港的人民币不能自由回流中国大陆，只能存在银行收利息，投资者在香港买人民币的唯一目的是希望人民币会升值，过去几年这的确是如此，但是，近一段日子，人民币兑港币贬值了，吸引力就大降。现在，沪港通可以使在香港的股民可以运用自己存在银行的人民币买上海股票，大大地增加了用途，银行的人民币存款也多了出路，可以借给投资者买上海股票。

既然沪港通的真正目的是推动人民币国际化，我相信当香港成功推行后，中国政府会有兴趣把沪港通进一步推到其他城市。也许有一日，新加坡与中国总理会同时宣布沪新通，让上海与新加坡的股市互联互通。那时候，新加坡的股民可以开始研究中国股市，新加坡交易所也做好准备迎接沪新通，进一步把新加坡发展成另一个成功的人民币离岸中心。

这一次的沪港通之所以能水到渠成，与习近平主席的加快经济改革策略有关。人民币要国际化，步伐要逐步加快，要大胆地试新的领域。更何况，沪港通的交易总额及每日的交易额皆有上限，一个固定的额度是安全带，乱不了。目前，中央政府批出去的QDII及QFII的总额度已超过沪港通的额度。

重建香港金融中心地位的信心

沪港通同时也可以给香港人打一剂“兴奋剂”。过去几年，媒体长年渲染香港竞争力落后于上海，落后于新加坡，令香港人也开始觉得香港没前途，金融中心地位会被上海抢走，本地生产总值（GDP）更早已落后于新加坡。现在，沪港通让香港人重建巩固金融中心的信心。

沪港通的额度不算多，当然，开始的时候，应该保守一点，循序渐进地调整。两地股市各有限额，有总额的上

限，有每日的交易上限。不过，相信在正式推行后，如果情况理想、风险可控，这个限额会增加的。正如2003年开始的自由行，开始时只有四个城市，当时不少香港人也是冷言冷语地向自由行泼冷水，认为内地居民贫穷，没有闲钱来香港旅游消费；还认为只有四个城市，全没意义。今日，香港人终于知道自由行的威力，及其对香港经济的贡献。

拯救中国股市

我相信，沪港通的影响及对香港经济的贡献，一定得等到沪港通正式推行后，香港人才看得到，而且得耐心地等待中央政府循序渐进地提高沪港通限额。数年之后，香港人一定明白今日所宣布的沪港通的真正意义与作用。

沪港通还有一个目的，是希望香港及国际资金可以通过沪港进入上海股市，拯救死气沉沉的中国股市。

我认为特区政府及香港交易所最应该做的事，是做好股民教育，让一般股民明白沪港通的操作，什么股可以买卖；什么股不许买卖；买入后卖掉又如何处理；如何处理买卖时所需动用的人民币。更重要的，当然是风险教育，告诉股民风险何在。

吸引海外大企来港上市

在公布沪港通前，我手上已持有一些港交所股票。消息公布后，股价跳空高开上涨，因此也不想增持；但如港交所股价下跌回升、跳空缺口，我反而会增持，并长期持有。沪港通不单有利于增加股票买卖交易额，也可以吸引海外大型企业来香港上市，通过沪港通吸引内地股民。

两地股市迎来大牛市？

沪港通2014年4月宣布后，香港股市仅上升一天就回落，并出现年内的第三次调整，因此五穷六绝的说法不绝于耳。但那一回的调整，恒指终于在21 700点之上站稳，远高于前两次的调整低位，那是重要的转折点，之后大市便辗转上升。换言之，4月的调整就是国际大户的洗盘行动，洗盘再加上如此五穷六绝的言论，的确洗走不少股民。我从沪港通宣布的那一天开始，就一直看涨。

国际大户看准机会增持

2014年上半年，恒生指数出现三次大型的上落市，三下三上，第三次见底回升之日是5月7日。当日恒指最低点是21 680点，然后就一路上升，即变了之前三下三上的大型上落市的走势。之后人人都说，5月7日起的一轮升势，是因为沪港通。

不过，沪港通正式宣布的日期，是今年4月10日，当日恒指收报21 386点，至5月7日，恒指下跌1 506点，如此大的跌幅是发生于总理李克强亲自宣布沪港通之后的事。而且，不单是下跌的幅度相当大，下跌的时间也相当长，由4月10日至5月7日，历时近一个月。由此可见，在沪港通刚刚宣布后的第一个月，沪港通根本没有任何力量推高港股。所以，恒指的上升因素可谓相当复杂，5月7日的一轮升势是多个因素结合起来而形成的。

2014年7月14日，美国道琼斯指数首次升上17 000点之上，几乎同时，一直在2 000点～2 050点徘徊的上证综指也突破2 100点，很快又突破2 200点。外围走势佳也是推动港股的另一支重要力量，还有，也几乎是同步发生的另一现象是大量热钱流入香港，使得港币兑美元的汇率上升至香港金融管理局所设的上限水平，即1美元兑7.75港币，而不是标准的联系汇率1美元兑7.8港币。热钱的涌入，大量美元要兑换成港币，汇率触及香港金融管理局的兑换上限后，市场上的港币已不足以兑换持续涌入的美元，于是香港金融管理局只好出手，买下所有的美元，提供大量的港币。一下子，市场上钱多得很。钱多了，自然会流入股市炒作，因此从这个角度看，我们也可以说，**港股的上升动力之一，来自大量的热钱。当然这也可以解读为沪港通吸引热钱在先。反正，先有鸡还是先有蛋，是不容易说清楚的。**

我的另一种看法是，国际大户在总理李克强宣布沪港通的决定之后，才发现自己手上持有的香港股票并不多，而当时恒生指数23 186点并不是低水平，是2014年三下三上的上落市中第三次向上的高位，大户不愿意大高位追货，因此努力地唱衰。为沪港通大泼冷水，目的就是要压低股价，然后自己可以从容地趁低吸纳。一个月后，自己货够了，而且眼看股价也压不下了，外围走势良好，因此就不再压价，亲自努力地抬高股价，创造一轮新的大型上升浪。

AH是两个不可套利的市场

临近沪港通正式开通，恒指在8月升势凌厉，曾破25 000点，创六年高位，比4月调整后的低位显著回升，一些概念股更是大升特升。看来投资者对沪港通的憧憬依然很强。恒指大升，最大的功劳来自内地股市。我曾说过，内地股民投机者多，投资者少。投机者只会跟风，见涨才追。我无法预计今天或明天会不会出现调整，也从来不会有兴趣猜，或炒作一天、两天的恒指或个别股票走势，我只是想告诉大家，我的确对沪港通非常看好，并重复很多遍，至今依然不变。

然而，H股是H股，A股是A股，这是两个不可套利的市场。炒沪港通的人一定要明白这个道理，也应该知道，港股包括H股的主要推动力是国际大户，A股的主要推动力则是内地散户——短炒投机的散户。

新加坡股民想买A股

过去，内地股民只炒低价股和创业板股，对内地的蓝筹股不闻不问，导致上证综指长期偏软，更数次跌破2 000点大关。万幸的是，2 000点的确是神奇数字，一跌破就有无形之手扶持。如今更是因为沪港通，一旦破位，海外资金追、香港股民追、内地股民也追。港币汇率在7、8月走强，金管局在1美元兑7.75港币的水平不断地买美元卖港币，所创造的港币用来追买H股，再通过QFII，RQFII进入A股市

场，与内地股民合炒A股，共同下注沪港通。

我在新加坡举行投资讲座时，向我询问沪港通的新加坡股民不少，他们多认为上海A股价格太低、太离谱，很想通过沪港通买上海A股。互联网的兴起，任何人都可以在网上买卖全世界的股票，当然条件是资金可以自由流通，条件是股市是开放的。内地股市自我封闭，人民币不能自由流通，根本不能反映全球的资金流向，故我对沪港通及中国金融业开放是寄予厚望的。

新国九条与沪港通配合

2013年，三中全会后一连串经济改革的新政策不断推出，新国九条在这个时候推出只是时间上巧合，没有救市的目的。新国九条与沪港通是互相配合的，也与重开的新股上市连成一气，为一连串股市融资改革方案的一部分。过去一段时间A股不振，其中一个原因是不少股民错误地以为，新股上市会抢走市场资金，拖垮股市，这是错误见解。我认为中国民间资金非常充沛，只是苦于没有具人吸引力的投资。内地股市内幕交易横行，使众多股民对股市渐失信心，认为自己缺乏内幕消息，不适合投资股市。新国九条中的其中一条，就是要建立良好的法制机制，严打内幕交易，以图重建股民信心。此外，也提到要扩大QFII，规范私募基金及债券市场。这是增加企业融资渠道的方法，同时也为投资者提供更多较透明的投资渠道。

新国九条不是用来刺激股价的，而是完善整体金融融资市场的改革，是习近平推动的经济改革之一，影响是长远利好的，不是一朝一夕可以反映出来的。A股的短期走势依然由资金流主宰。紧缩银根应是中国人民银行的主要行动，因基本政策是要去杠杆化，防止2008年发生在美国的金融海啸在中国出现，但当收得太紧，透不过气时也会放一放，这是周小川经常说的微调。

沪指靠沪港通起飞

沪港通真正通时，沪指就要起飞，海外基金大户的资金涌入上海才能实现，也许，中央政府推出沪港通的目的之一，就是想引入海外资金进入上海股市。

总理李克强2014年4月10日宣布沪港通后，恒指只涨一天就掉头下跌，跌至5月7日才止跌。而后6、7、8月三个月恒指出现了上涨，其原因同样复杂。要知道，沪港通绝非政府的单一计划，而是一系列的经济改革规划之一。因此，我们不能把沪港通当成单一事件作分析，如果你把沪港通当成单一的政策，你就无法解释为什么恒指会在沪港通正式宣布后的第二天开始下跌，跌近一整个月后又连涨三个月。

引入海外资金到上海股市，救一救这半死不活的股市其实是沪港通的目的之一。中信泰富（0267）吞下母公司资产，让中信集团在香港整体上市，则是习近平的经济改革计划之一，让大型国企在香港整体上市，接受香港更有效的监管，可减少大型国企的贪腐机会。同时，让内地投资者可买卖这些企业的股票，其中一个最佳方法当然就是通过沪港通来实现，故我认为，沪港通与习近平的经济改革必须放在一起考虑及分析。

沪港通不会是只影响股市几个月的政策，而是一项会发挥持久效力的长期规划。它与2003年的自由行一样，会不断扩大。沪指2013—2014年走势图参见图1—3。

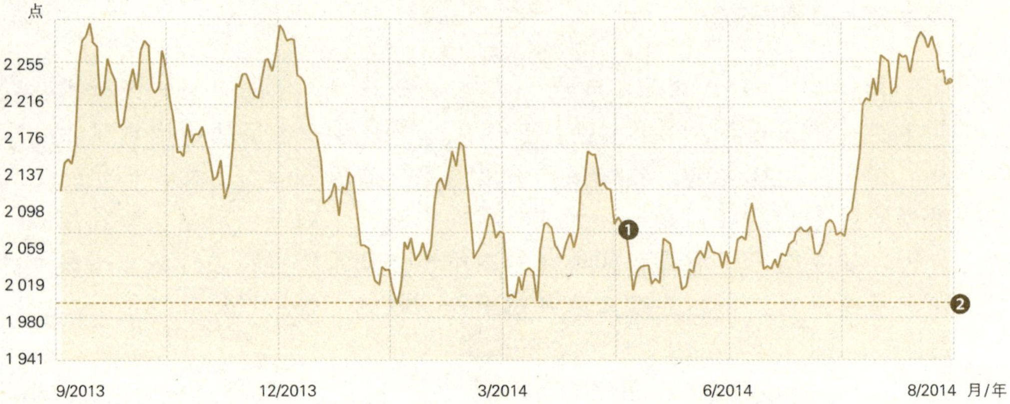

图1—3　沪指2013—2014年走势

❶ 沪港通宣布后的一段时间，沪指没什么起色。

❷ 2000点是神奇的底线。

第2章 沪港通概念股

chapter 02

第2章

沪港通概念股

沪港通概念股可以分成两种：一种股票是某些企业会因沪港通得益，进而增加利润；另一种是由于沪港通开通后，会吸引中国内地股民前来购买的股票。

chapter 02

旧经济股够长寿

沪港通推出初期，规定内地股民只可以投资于恒生大型及中型企业指数。虽然如此，但里面已涵盖二百多只股票，各行各业都有，到底当中的哪些可以随着沪港通热潮获得骄人涨幅呢？又有哪些是内地股民的心头好呢？我认为，在坊间闹哄哄热炒新经济股的时候，旧经济股，即传统大蓝筹股，更受内地股民喜爱。

沪港通开通后，香港及国际投资者可以通过沪港通买点在上海交易所上市的部分股票。同样的，中国内地的投资者，也可以通过沪港通买点在香港交易所上市的部分股票。

于是，香港股市出现了沪港通概念股这个名词，也就是指，因沪港通而可能得益的股。

沪港通概念股可以分成两种：一种股票是某些企业会因沪港通得益，进而增加利润。当利润增加，股价就应该会上升。另一种是由于沪港通开通后，会吸引中国内地股民前来购买的股票，这些股票多了一批抢购者，需求增加，股价也会上升。

上述两种概念股都可以推动股价上升，不过，前一种的概念持久力强，是长期受益；后一种概念只能炒作一段时间，炒完了便一切恢复正常，将来股价该涨该跌，还得看基本面，看企业是不是赚钱。企业的利润永远是股价长远的最终保障。

因沪港通而得益的企业，首选香港交易所（0388），然后是券商股、银行股。因沪港通而吸引中国内地股民前来投资或投机的股，包括具有香港特色的大蓝筹股，一些H股股价远低于A股的中资股。

港股市场跟内地股市不同，港股的主要动力来自国际大户，大户要推动恒指再上一层楼，恒指比重大的股份不可能不涨。于是，中国移动（0941）会涨，友邦保险（1299）也会涨，友邦是我的爱股。我也相信最终大户会连大笨象汇丰控股（0005）的股价也推上去。

低价股永远只可小炒怡情，资金主力依然应该投放于大蓝筹股。恒指6月初突破4月10日时宣布沪港通后的高位。当日，一些H股股价远低于A股的二、三线股突然猛涨，但仅一天就玩完。真正路遥知马力的是传统大蓝筹股，也就是媒体所指的旧经济股。

2014年6月4日，六只蓝筹旧经济股创52周新高，其中三只是香港地产龙头股——长江实业（0001）、恒基地产（0012）与新鸿基地产（0016）。此外，中电控股（0002）、恒生银行（0011）及和记黄埔（0013）也创52周新高。看着这些传统本地蓝筹股创新高，我越来越有信心。随着沪港通正式开通，内地股民来港买股，最有兴趣的就是这些传统旧经济股。

我建议买有香港特色的大蓝筹股，这包括长江实业、汇丰控股、恒生银行、香港交易所及友邦保险。

在全世界有华人的地方，没有人不知道李嘉诚的大名，在内地，随便找家书店，至少可以买到二十种有关李嘉诚传记及其经商经验的书。李嘉诚的长江实业自然是内地股民的首选。

汇丰银行也一样出名，汇丰银行的全名是香港上海汇丰银行，汇丰银行所代表的就是沪港通的银行。老上海、新上海无人不识汇丰银行。

旧经济股中，有人喜欢博那些股价低廉的蓝筹股，我则认为正在创新高或准备创新高的旧经济股更安全，至少不必担忧一些潜在的危机。2014年4月，除中石化股价创六年新高，因憧憬经济改革，应有余力再上涨。我也留意到恒生银行股价见顶，这些都是传统的旧经济股，没有炒作，靠改革的憧憬与实力一步一步地推高股价，长期持有较安心。

恒生银行与友邦代表的概念是创新高的概念，股市永远是强者越强，强势股永远是最多人追捧的股。这两只股的股价走势极佳，有创新高之势，香港股民追捧，内地股民也一样会追捧。

高息大蓝筹不怕长期持有

上落市不要急着捞底，也不要惊慌，特别是如果所持的是大蓝筹股而股息不错的话，大可放心放假，专心收股息。不说也许你没留意，专门用来收息的领汇房产（0823），2014年5月股价已静静地回升，并处于三个月的高位，在此之前的数个月，领汇股价大跌，股息率一度升至4厘左右，的确是有相当的吸引力。现在，要努力捕捉上落市的低位与高位，在买卖中赚取差价，或者买入高息股静观其变。

另外，中国移动由以往增长股变成高息股，息率亦已达5厘。

大户弃国策股有原因

2009年，在4万亿元基建、电器及汽车下农村的年代，买国策股是正确的，但国策多变，近四年买国策股而输钱的人不少，国策多变导致不少海外的基金大户，因看不透国策而决定放弃国策股，当年股神巴菲特卖光持有数年的中石油（0857），很可能就是因看不透中国政府向中石油征收毫无准则的暴利税。2014年，国家领导人到处推销中国高铁系统，这本是好消息，但铁路基建股却炒不起，连中国北车（6199）上市的反应也欠佳；数年前新能源股热炒了一段日子就无以为继，理由是新能源成本很高，得依靠国家补贴；2014年6月，一些新能源股再现翻炒迹象，但我没有多大的信心。能在自由竞争的市场立足，才是最大的保障。

港交所独占鳌头

沪港通宣布后，多只沪港通概念股已经炒了几轮，涨上去，跌下来，再升上去，跌下来。结果，有人赚钱有人亏损，只有港交所的股价才是真正的一路向上。

沪港通概念足以主导大市，并且有大行报告预测，港交所股价会突破200元大关。沪港通的概念股很多，港交所依然最霸气。港交所的概念精彩，这是垄断生意，香港不可能有第二家股票交易所，不论港股通或沪股通，港交所都能赚到钱，这总比炒券商股强许多。2007年，港股直通车未通，只靠一则可能开通的消息，就足以使港交所的股价在短短的两个月由96元炒至259元。

沪港通每日的限额与总限额是以净额计算，这对港交所而言的确非常有利，任何一天只要有人卖出50亿元的股，当日的买股限额就会在原定的限额再加50亿元，市场里的资金仍然很多，等待大家的是机会。

我仍认为，沪港通的最大得益股是港交所，其次是香港独有的大蓝筹股，而不是三四线的折价概念股。

券商股如鱼得水

沪港通开通后，股市成交一定会扩大。多了一些香港及国际投资者买内地A股，也多了一些内地投资者买香港股票，任何方向的买卖，都能为香港交易所及券商带来额外的利润。而且这些利润是长期性的。

不仅是长期性的，以2003年开始的个人自由行的经验来看，我相信沪港通的限额也会每年增加，中央政府在处理资本账开放一事，向来都是小心、谨慎、循序渐进的。因此，开始时的限额一定不多，然后慢慢增加。沪港通的额度是开放的，先到先得。这与目前已经存在的合格境外机构投资者（QFII）及合格境内机构投资者（QDII）不一样。QFII与QDII的额度是分配给指定的机构投资者，机构投资者取得配额，收起来不一定会用，所以香港交易所与一众券商的生意，一定会长期得益。香港交易所只有一家，是垄断性的经营者，券商有许多家，竞争也很激烈（见图2—1）。

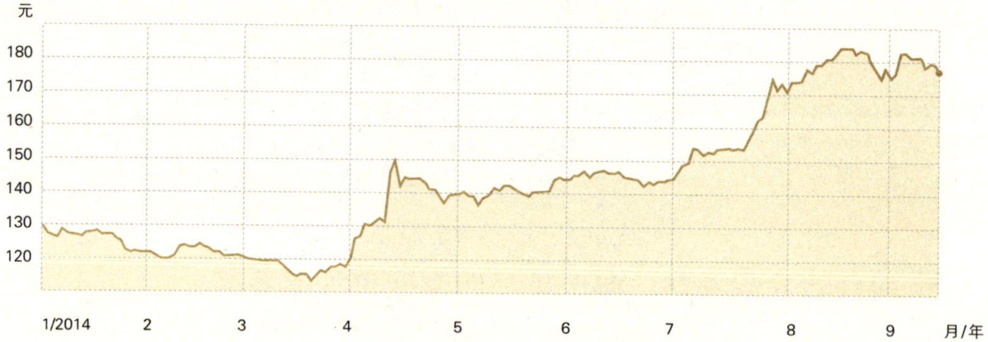

图2—1　港交所（0388）股价走势图

沪港通开通，最能够长远受惠的是港交所。港交所在香港是垄断生意，亦不会有另一所交易所与港交所争生意。

第一个得益于沪港通的股自然是港交所，其次是券商股，特别是内地的券商股，这些券商股两地都有牌照，如鱼得水。数年前海通国际（0665）出高价吃掉本地的老牌证券行大福证券是很有眼光的，一下子就大大扩大了香港的市场。过去十几年为什么新加坡的淡马锡及今日的华侨银行要出高价来香港到处收购？也是看中香港背后这么大的靠山。

长江实业是内地股民最爱

内地股民最有兴趣买的港股应该是长江实业（长实），理由是李嘉诚的盛名，而恒生银行股价不断向好，相信也是受恒生指数的盛名所支持，内地股民想起恒生指数就想起恒生银行这只股（见图2—2）。

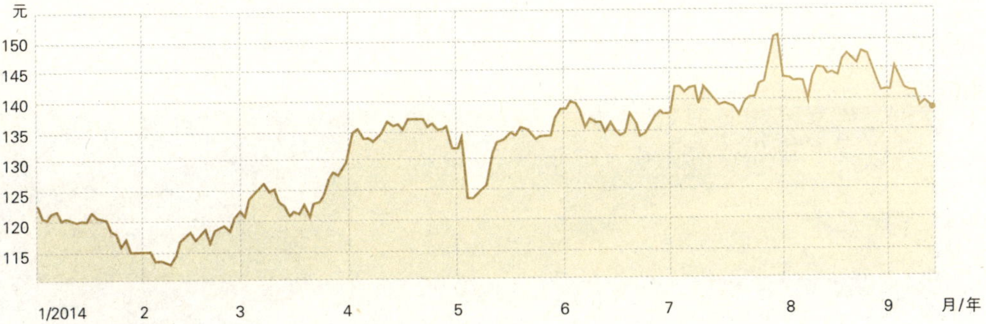

图2—2　长实（0001）股价走势图

长实主席李嘉诚，在内地的知名度与股神巴菲特齐名，沪港通开通，内地股民必定喜欢买入长实这只名股。

沪港通开通前，长实股价屡创新高，理由有二，一是有人偷步炒沪港通概念，我前面也曾指出，沪港通开通之后，内地股民、机构投资者最有兴趣的港股是李嘉诚旗舰股，即长实。长江实业隶属于长江集团，是一间地产发展及策略性投资公司。长实为香港规模最大的地产发展商之一，在香港发展了一系列的住宅及工商物业。在香港的每七个私人住宅单位中，便有一个由长实发展。

除了炒沪港通概念外，我相信长实股价节节向上，是因为投资者，特别是基金大户都看好李嘉诚近一两年的投资行动。长实股价也不是在沪港通消息公布后才上升的。2014年年初至今，恒生指数三下三上，呈大型上落市状态，而长实股价则振荡向上，没有跟随恒生指数的走势，这说明基金大户早在沪港通消息公布之前已不断增持。

为什么基金大户看好李嘉诚的投资手法？我认为基金大户很欣赏李嘉诚撤资走资的行动。近一两年，李嘉诚不断地卖长实和黄旗下的资产，然后将资金转移到海外投资。李嘉诚卖码头、卖港灯、卖屈臣氏，是这些企业没前景吗？也不是，而是李嘉诚不想将所有的鸡蛋放在同一个篮子里，也不想成为主宰香港一切民生企业的富豪。因为香港人仇富心态，在政客的推动下越来越强。

李嘉诚卖了这么多资产后，钱投入了哪些新的生意？原来全部是投入有固定入息的生意，这包括电网、垃圾收集、停车场、天然气管道，简单地说，是保守式的投资，以收息为主，同时巧妙地利用借贷的杠杆原理扩大收益率。原因是长实及和黄财力雄厚，能取得极佳的信贷评级。这也是说可以用极低的利率借钱来购买高回报的投资，这使得投入的金钱资本，可以得到更高的回报率，例如李嘉诚投资加拿大一个机场停车场，回报率高达11%。

李嘉诚走向收息的保守投资道路，我认为是有极重要的启示作用。

2013年5月，美联储发出退市的预告，在担心加息的情况下，不少收息股的股价大跌，美国十年国债的价格也大跌，债息上升，李嘉诚就是在这个背景之下加快投资这些固定收入的生意，人弃他取，这一类的投资在退市及加息预告之下已提前贬值，岂不是趁低吸纳的好时机。

2013年，领汇股价大跌，收息率超过4厘，比你自己买楼收租合算，过去一段时间，人人谈中国经济放缓，银行会面对坏账大量增加的风险。因此，国企银行股股价大跌，股息率一度超过7厘，李嘉诚决定分散他手上的鸡蛋于不同的篮子，并保守地收息，我们是不是也该学习李嘉诚的行动？

沪港通开启，内地股民最喜欢的港股非长实莫属。在内地，李嘉诚与股神巴菲特齐名，是众多渴望发达之人的偶像。

澳门博彩股／内银股／内险股／内房股

澳门博彩股有特色但PE不低

本来，银河娱乐（0027）、金沙中国（1928）这两只赌业的蓝筹股及澳博控股（0880）也很有特色，同时是内地股民熟悉的股。不过，澳门赌业股市盈率（PE）不低，我不敢大力推荐。

2013年全年，我持有多年的银河娱乐（简称银娱）股价狂升（见图2—3），由2012年年底的30.35元升至2013年年底的69.55元。升幅超过一倍，更使得银娱跻身恒指成分股。到了2014年1月份，银娱股价更创出84.5元的历史新高，在这段时间，有不少股友问我可不可以买银娱，我的答案则是**“银娱股价已升得很高，高到我已不敢评论。但是，我手上的银娱则会继续持有不卖，但也不会增持。”**这就是我一贯的做法，股市有句名言：“高处不算高，低处不算低”，逃顶与抄底都是非常困难的事。

早在2012年，当银娱股价升至27元时，银娱管理层已经开香槟庆祝。后来，股价再升，突破40元时，大量股评家已经认为股价太高了，2014年1月股价见84.5元高位后，辗转下跌，2014年5月更爆出洗盘式的急跌，成交额排名第一，大量坏消息出现。以2014年5月8日斩仓潮的收市价计算，银娱由高位向下调整已达34.4%，调整幅度算是很大了。

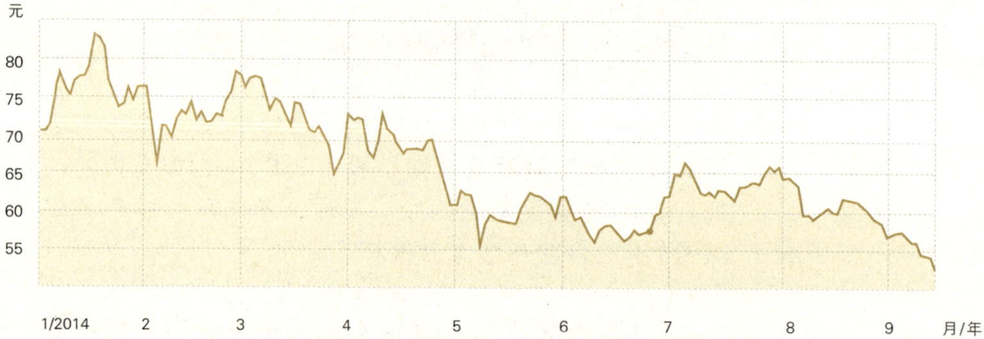

图2—3　银河娱乐（0027）股价走势

包括银娱在内的澳门赌业股很有特色，同时是内地股民熟悉的股，不过，澳门赌业股市盈率不低，我不敢大力推荐。

不过，在2011—2013年这三年中，银娱每年都发生一次大幅度的向下调整，2011年的调整幅度更高达57.6%，远超过这一次的调整。每一次的大调整，总是股价先见顶，向下跌了一定幅度后，坏消息才出现，坏消息的出现完成了终极一跌的任务。2014年5月传出有关澳门赌业股的利空消息，实际上与过去三年出现过的坏消息大同小异，都是说澳门政府或中央政府要打压澳门赌业，查处洗黑钱打击贪腐等。不过，当股价真正见底回升之后，这些坏消息也就静静地消失了，没人再提。

金沙银娱早抢先机

很明显地，包括银娱在内的所有澳门赌业股之所以每年都会遭遇一次大调整，真正原因是股价升得太急，升幅太大成为大鳄托高之后做空的最佳工具。升得高、跌得重，道理就是如此简单，当然，我们无法预知大鳄做空会跌到哪。但是，我对澳门赌业的前途依然是乐观的，中国人好赌是人所共知的。西方国家的赌场，也是以中国人为主要顾客，澳门赌额年年增长，理由是中国的经济年年增长，经济放缓，但依然有增长，赌徒有增无减，不少更成了病态赌徒。

澳门路凼依然在大兴土木，最早到路凼打天下的金沙分得头羹，银娱与金沙一样在路凼拥有大量土地，正在赶工兴建第二期、第三期，其他公司在近年也先后在路凼买地建赌场。一个新的赌城诞生了，金沙与银娱的优势是入场早、土地成本低，而且所控制的土地面积也最大。不过，你有耐心持有银娱股票至银娱第二期、第三期赌场落成吗?

对于大多数投资者而言，他们是不太会有这个耐心的。也许，在这个等待银娱价格起跳的阶段，会错失掉一些更佳的投资机会。

内地银行股进可攻退可守

目前，蓝筹股中还有什么股是高息股？很明显是内地银行股（简称内银股），一般都超过6厘，过去许多人在讨论A、H股差价时，都会提到内银股，多数的A、H股差价是H股价低而A股价高，但内银股则很特别，H股价高而A股价低。

有人认为，内地股民较多内幕消息，担心内银股坏账太多，故不愿意付高价买入。我的看法不一样，我认为内银股在A股表现差，是因内地股民多是短炒投机者，他们更喜欢炒作市值小的庄家股，而不是市值大的蓝筹股，买股收息更是没兴趣。但在国际大基金中，不乏以长期投资为基本策略的投资者，他们会欣赏股息率高的内银股。当内银股普遍能提供7厘股息回报时，我已经数次强力推荐买入，道理仍是进可攻，退可守。

内银股公布2014年中期业绩，不良贷款额大幅上升。银行宣布增加不良贷款的原因是银行盈利大增，于是趁机会撇账，撇账后仍能维持利润增长。多撇账也能少交税，何乐而不为？

国企银行A股会有追捧

许多评论都说中资银行股危机重重，因为坏账可能很多，我不担心这些坏账，目前中资银行股的股息一般都超过6厘，如此高的股息收入，不论股价涨跌，投资者都可

以不理不睬。买股收息，今日香港有不少老人家，过去数十年，长期持有公用股不放，长期收息，退休后就靠收股息过日子，日子过得很好，比存在银行强一百倍。过去二十年，公用股不但可以稳定地收股息，长期而言股价也上升，股息的长期上升幅度更跑赢通胀率。

沪港通开通后，国际投资者最有兴趣的A股，应该是国企银行股，因为H股股价高于A股，或为国际投资者至爱。有大行出报告唱衰内银股，但是一边唱衰一边吸纳，目的就是想买便宜货。我早已告诉大家，内银股股息高达7厘，有什么好担心?

中国银行作为结算行利好

香港中资银行中，中国银行规模一枝独秀，超越其他三大国企银行。理所当然成为沪港通的结算银行。沪港通可分为港股通及沪股通，港股通以港币进行，内地股民在买入港股时，以人民币支付，再兑换成港币，售出港股时，得到的港币即时再兑换成人民币。

一买一卖之间，就是两宗人民币与港币的兑换服务，对结算银行来说，简直是赚得盆满钵满，所获得的利益仅次于港交所。

沪股通全程以人民币进行，香港投资者买入沪股，以自己持有的人民币支付，卖掉该股后，收到的也是人民币，存入自己的人民币户口，没有港币与人民币的兑换过程，银行就少赚这个兑换服务的差价收入。当然，手上没有人民币的香港投资者，在购买上海A股前，还是需要兑换人民币，这个兑换可以通过任何银行进行，没有专利。

中国人寿成为周期股

两只A股的上市交易基金（ETF）在沪港通开通前很受欢迎，我认为，A股一涨，中国人寿（2628）必受益（参见图2—4），可以将中国人寿视为间接的A股投资之路。沪港通正式通车之后，中国人寿更有可能获准投资港股。

与友邦同类的中国人寿不算强势股，但值得一提的是，在2014年8月份持续地逆市上升，该算是周期股，可波段操作。

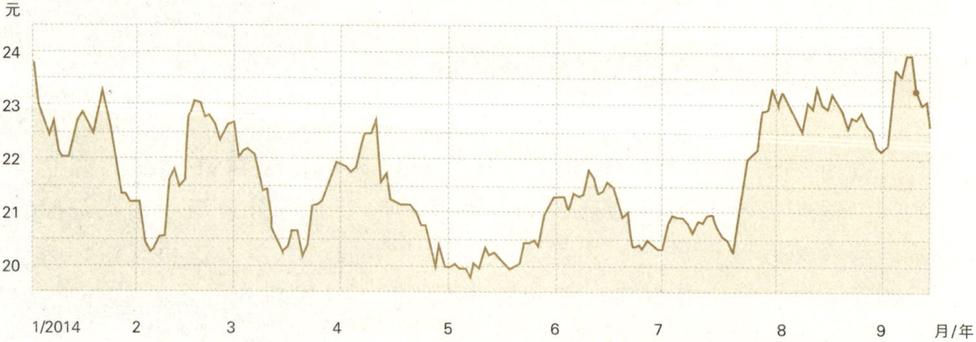

图2—4　中国人寿（2628）股价走势

中国人寿必受益于沪港通，可以将中国人寿视为间接的A股投资之路，沪港通正式通车之后，中国人寿更有可能获准投资港股。

友邦与中国人寿都是人寿保险为主的保险股，何以一只是强势股、另一只是周期股？理由是保险公司赚钱的途径有两个，一是收保费，二是投资。友邦的投资是国际性投资，中国人寿只集中于中国。过去几年，中国的投资环境不佳，自然影响中国人寿的投资回报。现在，中国股市有谷底回升之势，中国人寿也就成了周期股，吸引炒家来炒。

内地房地产股是掘金宝地

内地房地产股（简称内房股）是时候进场了。内房股已经跌了很多年，价钱低廉，非常超值。

内地房地产价格的确出现见顶回落，不过中央政府已放宽部分城市限购令。因此有不少人认为限购令一解除，房价会再上升，但我认为机会不大。中国很多房地产商的实力不足，这些小老板看到别人搞房地产他们也去搞。他们的市场知识缺乏，进而胡乱开发，令三四线城市供过于求，致使银行停止贷款。到底有多少家地产商能存活？值得大家仔细思量。

2014年7月下旬，恒指一举创三年新高，多只中资股炒上，炒作的板块包括资源股、水泥股、铁路股、内房股等。

内地房地产企业生命力顽强

比较各种板块，我认为内房股最超值，最有条件进一步发挥。理由是过去几年，内房股股价大幅下跌，但是，下跌的理由不是内地房地产企业亏本、盈利减少。相反的，内地房地产企业依然年年赚大钱，盈利不断增加，盈利增长而股份下跌。唯一的原因是中央政府长期不断地打压楼市，推出各种各样的“辣招”，比香港特区政府的“辣招”更辣，内房股在各种各样的“辣招”围攻之下，股价一跌再跌。但是，内地房地产企业的生命力依然顽强，屹立不倒。

在中国，至少有一万家房地产开发商，但是，能上市的就只有数十家，连1%也不到，中央政府推出的各种“辣招”，伤得最重的是那些没资格上市、仍未上市的内地房地产企业。没上市的内地房地产企业融资困难，借贷无门，原因是银行奉命关水闸。

可以说，2014年中的某几个月里，每天都有未上市的内地房地产企业破产，或者以贱价转让资产。2014年6月左右，已在香港上市的佳兆业集团（1638）就以仅仅数亿元取得一家未上市的内地房地产企业的51%股权，这家企业持有与深圳前海仅一街之隔的优质土地，而且建筑工程已进行了一半。已上市的内地房地产企业可以在市场集资，资金压力不重，更可以趁其他未上市的内地房地产企业资金周转不灵时低价买其资产。

限购松绑　升浪期开始

我说内房股股价低廉，一个最典型的例子是宝龙地产（1238），此股的市盈率虽然只有2.5倍，换言之，只要利润能保持不变，两年半的利润就等于此股的总市值。我再举另一个例子，越秀地产（0123），2013年成功出售自己开发的广州IFC（国际金融中心）给旗下的越秀房产信托基金（0405），手上资金雄厚，而且，越秀地产是所有H股地产商仅有的数家所发行的债券能取得国际信贷评级机构评为投资级的企业，投资级的债券利率很低，资金成本低，发展更有利，越秀地产派发的股息，息率高逾5厘，已远超一些房托的股息率。

2014年中，中国中央政府已开始放宽一些打压楼市的“辣招”，理由很简单，楼价已经受控，多个城市楼价正在下跌。若不适时减辣，楼市一旦崩溃，会造成另一个更严重的问题——蒸发全民的资产值，政治代价非常大。内地已有多个城市开始解除“限购令”，中央政府也下令要求银行多多照顾首次置业的买家，鼓励上车。

多只内房股应声而炒，但是我相信这个升浪只是处于开始的阶段。中央已开始放宽打压楼市措施，预料内房股的升浪已经启动。

壳股／航运股／矿业股／ETF

沪港通概念推动炒壳股热潮，城中超级富豪有可能参与买卖壳股[①]的潮流。李嘉诚欲将旗下的和记港陆（0715）卖掉，又传郭炳湘欲买下丽新发展（0488）。

炒壳最大的噩梦，在于卖壳的根本就是庄家（极可能是大股东）放出来的假消息。多数壳股都是垃圾股，资产净值低，毫无业绩可言。被传出的潜在壳股丽新发展则相当不同。多年前我曾经买卖过此股，赚了些钱。买入此股的理由是其资产净值是股价的许多倍，事隔多年，丽新发展的股价仍远低于资产净值。既然股价远低于资产净值，卖壳是否成功，问题都不大，成功固然好，股价可大炒一番。若不成功，以远低于资产净值的价钱来持股，风险有限。我也第二次买入这只股，静观其变。

---

①壳股：指一些公司财政不稳，甚至出现资不抵债危机，即使该股问题多多，但由于其上市地位仍在，其他公司遂收购其控股性股权，借其壳上市。——编者注

一只壳股值多少钱？有人说2亿元，有人说3亿元，有人说5亿元。不过，卖壳过程相当复杂，新的大股东可能对原有的业务资产不感兴趣，买下企业后又将业务资产售回卖家。比如，冠华国际（0539）旗下的子公司Sure Strategy出售3.2亿股的福源给独立第三方卓科，报价2.58亿元，占福源已发行股份的61.56%，然后福源向Sure Strategy出售其成衣制造业业务与资产，报价2.7亿元，福源也向所有股东，包括Sure Strategy及其他小股东派发特别股息，每股0.72元。根据上述资料，你能算出福源这只壳股到底值多少钱吗？

内地股民爱投机

卖壳还有其他方法，原大股东并没有出售股份，改为发行大量新股给新的投资者，让其成为大股东，自己变回小股东。中信21世纪（0241）是最佳例子。原大股东发新股给阿里巴巴，结果股价在半年内大升9.7倍。炒壳股赚大钱不是靠壳价，而是看新大股东能不能为小股东带来憧憬。除马化腾与马云外，目前市场上还有什么人可以如此神通？

于炒壳股热潮中，有些疑似壳股经过多轮炒作后，实际上没有真正卖壳。这是股市庄家股，庄家靠操控一些市值较低的股，制造炒壳的传言，目的只是炒高出货，因此追涨这类垃圾股，可以造成严重亏损。

沪港通正式启动后，相信炒壳股的热潮会进一步高涨，理由是内地股民中真正投资者较少，绝大部分是投机者。炒壳股、炒垃圾股就是百分百的投机活动。

沪港通开通，香港低价股会非常热闹，为运气好的小股民带来许多发小财的机会，也为港股庄家带来不少发大财的机会。过去，几乎每星期都有数只低价股宣布控股权转换的公告，市场上炒得火热的一些潜在壳股，壳仍卖不出。或者说，大股东根本没有卖壳的意图，只是放消息与庄家们一起炒高股价。

2014年7月17日，锦江酒店（2006）股价突然炒高，急升13%。此股2006年上市，当时是热炒股之一，之后沉寂下来，股价跌破1元水平，2013年第三季才再度回升。从企业名称来看，股民也许以为公司只控制上海的锦江酒店，实际上不是。

如今，锦江已是中国各城市内三星酒店的知名管理酒店品牌，管理酒店是无本生意，酒店由酒店业主兴建，锦江派人入驻管理，然后收管理费。我手上只有一手2 000股锦江酒店。当年新股上市爆炒，我也只买了一点点。不过，因为股数太少懒得理，所以持有至今。我手上有许多这类一手、两手的股票，长期持有这些股票不是为了赚钱，而是手中有股始终会留意股价变化，增加自己触觉。沪港通开通前热炒的壳股，我也持有一些，且持有多年，不断看着这些股一再换大股东，以及更改名字。当然，我绝不会为三四线股博身家，每一只三四线股的投入金额只有一两千元，其中一部分在2013年或2014年开始炒上，另一部分依然处于非常低价。

渔翁撒网后静候鱼来

许多人认为三四线股只能投机性的短炒，高追高卖，但是高追高卖的风险很大，而且利润不高。我采用的方法是，低价买入过去曾经炒过的三四线股，多买几种，买了之后就收起来，等别人来炒，然后才在适当的时间卖掉。简单的说，我是守株待兔，能等待到兔子吗？我相信会的。我们翻查过去数十年的股市历史，大市在上升了一段时间之后，一定会出现炒作三四线股的现象。而且，这些炒作往往是翻炒。换言之，2006年至2007年热炒过的三四线股，在2013年至2014年或将来，会再翻炒，有些三四线股更是翻炒好几个周期，即2006年至2007年炒过，1997年及1999年至2000年也可能炒过。大家只要拿起2013年至2014年热炒、股价倍升的三四线股与当年或上一个热炒周期的三四线股名单比较一下就可以查得出。

整体大市仍未到狂热阶段，因此，三四线股的炒作仍是很有限。到了那时，股市真的疯狂被热炒时，就会有更多的三四线股被爆炒。因此，如果你有兴趣，不妨花些时间翻查寻找1997年、1999年至2000年，及2006年至2007年曾经重复热炒的三四线股的名单，然后以渔翁撒网的方法，买入多种仍未炒作的三四线股，然后等别人来炒。

炒低价股风险高，股民宜渔翁撒网买入多只，以求有部分能被热炒获利。

不过，我提醒两地应努力做好股民教育，因市场上有传言说在来沪港通开通后，内地股民会更有兴趣炒作香港三四线股，正如目前内地股民更有兴趣炒作创业板股而不是上证综指。但是香港许多三四线股，都不会在沪港通可以买卖股票名单内，不知情的股民盲目入市肯定中伏。

牛市长期有炒壳活动

在牛市中，股市长期有炒壳的行动，有真有假。每逢有什么消息，炒壳活动更活跃，大量垃圾股股价飞天，理由就是有股评人努力推荐，认可这些股有炒壳的传闻及条件。为什么这么多股民会相信这些炒壳传闻及股评人的推荐？

答案是，经过股评人推荐之后，不少股份的股价的确飞涨。一次不信，两次不信，结果看着股价的确飞涨，又很后悔了。最后，在贪婪之心驱动之下，决定试一试，见涨即追。

2014年8月，炒壳的活动多了。还有一个同样是很重要的理由，是壳股的活动的确大幅增加。沪港通推出，内地有不少股市庄家都想利用这个机会，控制一家市值低的上市公司，等沪港通正式推出时用来炒作，玩弄财技赚尽贪婪股民的钱。当然，他们也可以通过正常的渠道，将自己控制的公司申请上市，但是，申请一家公司上市的过程并不简单，也很花时间。等到上市申请获得批准、正式上市，恐怕自己错过炒作沪港通的热潮。1999年，资讯科技热潮时，连超级富豪李嘉诚的儿子李泽楷也通过买壳而成为上市公司的控股人，再继而收购当时的香港电讯而形成今日的电讯盈科（0008）。

想买壳的人的确多了，因此壳股有价，问题是，到底值多少钱？我上文引用冠华卖掉旗下的福源（1682）给独立第三方的例子说明，到底壳股价值多少，实际上很不容易算得清楚，特别是小股东，小股东所能看到的是卖壳成功后，股价涨了多少。

待卖壳消息证实才买也不迟

炒壳实际上又可以分为正式卖壳前及卖壳后。我的观察结果是正式卖壳后，可能更好炒。因为卖壳的人一般都是股市大庄家，以炒作起家，有一家上市公司的控股权落入他们的手里，怎会不好好利用，大炒特炒？当年李泽楷成功买壳，成为得信佳的大股东之后，这只原本是垃圾股的股票，马上变身成为当时炒得最热的股，股价上升数十倍。

既然成功卖壳之后更易炒，我们实际上可以静待卖壳传闻落实后再加入炒作也不迟。

正式卖壳前的炒作，十个有九个实际上是假消息，有股市庄家弄出来的假卖壳消息，目的就是炒高股价然后将火棒交给高价追入的散户，因此，炒壳股传闻是风险极大的投机行动，大家要永远记住——不好追高。若有些余钱，倒是可以在庄家炒了第一轮之后，股价由高位回落至你认为有不错的价差时，小额买入。然后耐心等待第二轮的炒作，趁高位卖掉。

矿业股盈利低　市盈率高

多只矿业股在沪港通开通前股价急升，中国铝业（2600）累升近一成，非常亮丽，矿业股是不是已经见底，从此进入一个长期升势?矿业股的股价与矿产本身的价格直接挂钩，矿产价格的升跌则与全球经济直接挂钩。内地是世界工厂，矿产需求也是全世界最大。

2014年，各类矿产价格上升中，相信矿业股的升势可维持一个较长的时间。不过，我们也应该明白，矿产价格虽然正在回升，但依然低廉。目前矿业股的盈利机会依然不多，中国铝业现价的历史市盈率很高，超过40倍，投资者还需耐心等待。

航运股待复苏

在沪港通及习近平的经济改革概念的影响下，中资股一个板块接一个板块由低位回升，好像只剩航运股板块未启动。

东方海外（0316）2014年中期业绩转亏为盈，市场憧憬所有的航运股是不是该见底回升？航运股的龙头大佬中国远洋（1919），也趁势反弹，不过，我认为航运业要回到过去的光辉岁月，仍需一段时间，只有当欧美经济全面复苏，航运的需求才会真正恢复。

美联储现在已经开始减少量化宽松的策略，那么其效果如何呢？这只能等待市场告诉我们答案。不过，欧美经济正在复苏，这则是另一股支撑股市的力量，大家应该耐心地等待黎明，特别是资源股、航运股、码头股和外贸股等。

ETF是一篮子代表

2014年8月5日，成交榜前四名中，三只是ETF。前两名是A股ETF，第四名是港股ETF，即盈富基金（2800）（见图2—5）。很明显，这是炒作沪港通的行为，沪港通推出后，对内地股市不熟的香港及国际投资者，最可能买的是一篮子股份。对港股不熟悉的内地股民，也会选择香港一篮子股份，ETF就是一篮子股的代表。这是不懂得选股者的最佳选择。真希望强制性公积金管理局下令所有的强积金信托商，必须将盈富基金纳入为强积金的选择之一。

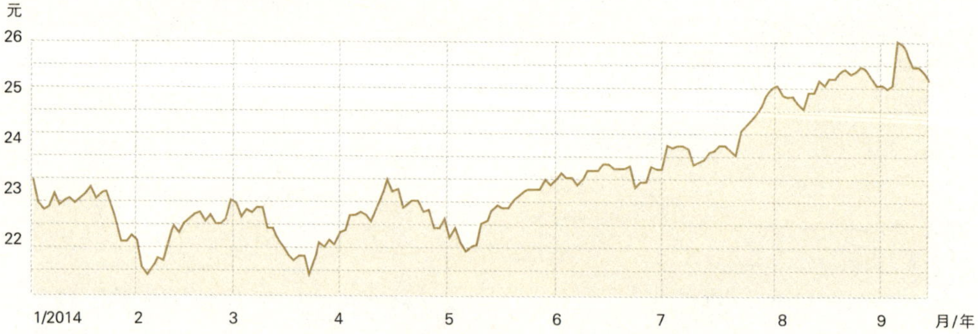

图2—5　盈富基金（2800）股价走势

对港股不熟悉的内地股民，会选择香港一篮子股份，包括盈富基金在内的ETF就是一篮子股的代表。

第3章

两地市场存差异 须认清风险

chapter 03

第3章

两地市场存差异 须认清风险

国家如今没有风险了，现在会面对风险的，是沪港通的投资者。投资者通过沪港通买卖股票，这其中存在着自己在过去可能没考虑过的风险，应该留意。

chapter 03

清楚市场差异
免误堕陷阱

于沪港通开通的前数个月，市场情绪亢奋，港股创六年高位。我也多次表明，我是看好沪港通对股市的利好作用的。然而，在市场高度关注沪港通的利好因素，及关心各项系统测试、技术问题是否完善，以令沪港通顺利开通之余，还有一些其他问题，作为投资者也要小心留意。当中包括：内地征收的资本增值税会如何，A股的保证金运作如何，如果沪港通反应非常好而导致额度用尽又会如何，大手交易如何妥善处理，以及当中牵涉的人民币汇兑过程有什么需要留神等。这些问题不仅投资者关心，香港本地券商亦相当重视。

除了上述的问题，其他问题如跨境交易的风险、从业人员培训、投资者教育，以及未来两地金融及证券行业的发展配合等。我期望在沪港通推出后，两地能继续厘清及不断完善市场关注的各项细节，并期望两地交易所加强这些方面的投资者教育工作，让沪港通的成功实施并可复制。

在李克强总理宣布启动沪港通的那一天开始，我就认定沪港通是好事，是对股市有利的。但是，李克强总理于4月10日宣布启动沪港通之后，港股只上升一天就振荡向下，跌了近一个月才止跌，可见一厢情愿地看好沪港通也一样会面对股市下跌的巨大压力。股市一下跌，人人唱衰。那么，如何克服这股压力？将来同样的唱衰理由不会重演？

为了寻求答案，我重新翻阅了4月11日至5月10日香港媒体的财经新闻，希望从众报纸中学习，寻找将来可能再度面对的股市下滑风险因素。

首先，李克强总理所宣布的沪港通只是一个概念，执行的细则仍有待厘清。因此，在沪港通启动的新闻公布后，传媒出现的报道是提出一连串的问题，执行细则的问题。

比如，上海与香港两地监管法则不一样，如何监管？谁来监管？中资买港股，港资买沪股，若出现利用内幕消息炒作，由哪一边的证监会处理？如何越境执法？

还有，两地假期、买卖时间不同，如何处理？比方说，圣诞节期间，香港证券公司、交易所放假，手上持有的上海股票仍在交易，一旦出现股价急跌时，如何止损？港股T+2日交收，沪股T+1日交收；沪股有涨跌停板机制，香港没有等。总而言之，这其中存在许多问题。

更令人不安的是，有不少人质疑沪港通是不对称、不公平的安排——因为政府允许内地2 500亿人民币南下买港股，而允许3 000亿北上买沪股。

随着恒指的下跌，泼冷水的评论更多。资深基金经理说，实际上内地股民早已可以通过各种渠道来香港炒股，根本不需要沪港通，还有上海综合指数屡创新低，沪股早已没有投资价值。海外国际基金持有合格境外机构投资者（QFII）的额度仍未用尽，说明基金大户根本不想买A股，香港中小型券商的老板说：券商根本没有余力为沪港通而增设沪股研究部，为沪股写研究报告。

在李克强总理宣布沪港通启动后的一个星期，有关沪港通的新闻、评论，几乎在香港媒体中消失了，专家说“整件事告一段落”。也

就是说，沪港通概念已没有任何价值。之后，港股一路下跌，媒体更关心的话题已转为“五穷六绝”的所谓传统经验了。踏入5月，“五穷”的阴影挥之不去，不过恒指终于在5月7日见底回升。

沪港通正式开通之后，会不会重演2014年4月11日至5月7日港股下跌的一幕？同样的利空、唱衰的话题会不会重现？

开盘时间不同　影响做空

我一直强调，沪港通是双向的，是2007年港股直通车加上新的沪股直通车而成。当年港股直通车未正式开通已被叫停。当时，在临近直通车开通的8月份，港股创出金融海啸后的新高，算是相当火热。那么，在沪港通正式推出后，会不会更火热？有没有可能再次被叫停？

以我的经验来看，沪港通被叫停的机会是零。当年港股直通车未开通已被叫停，除了两地股市炒过火之外，亦有许多其他原因。最难处理的原因是利益分配的问题。当年港股直通车的设想，是通过仅仅的一家位于天津滨海新区中的中国银行分行，与香港中银国际来处理所有的交易，这种垄断性的安排令上海市领导不满，也令中国银行以外的所有国企银行不满，还令所有证券公司不满。甚至中国银行内部，除天津滨海新区分行外，其他分行也不满。这么多的不满，自然会或明或暗地破坏这个概念。还有，当年港股直通车没有设立余额的上限，若一夜之间有千亿、万亿元流走，也许会令市场震惊。

如今，上述问题，沪港通都考虑过了，也处理了，不再于天津滨海新区的中国银行与分行搞，而是开放给全中国所有与上海交易所有挂号的证券公司，利益均衡了。深圳交易所暂时没份，但已说明沪港通上马后，成熟了，就可以推出深港通，让深圳交易所也参与。沪港通也安排了余额的上限——有总额的上限及每日的上限。有了限额，资金外流失控的风险等于零。这种安排与2003年的个人旅客自由行一模一样，循序渐进，运行成熟了，可以再加限额的额度，万无一失。

国家没有风险了，现在会面对风险的是沪港通的投资者。投资者通过沪港通买卖股票，还是有自己在过去可能没考虑过的风险，应该留意。

“沪港通”是受两地法规监管，北上买沪股的交易，是按照上交所交易时间，港交所会于内地早市及午市开市前五分钟起接受香港证券公司的交易订单，南下买港股的交易，则按照港交所的交易时间进行。

“沪港通”推出初期，投资者只可于两地市场都有开放，以及两地银行于相应交收日均开放的工作日在对方市场进行交易，有关安排是确保两地投资者及经纪可以在相关结算日透过银行收发相关款项。不过业界认为这个假期安排并不妥善。我认为，投资者要注意当中带来的风险。

沪港通交易的两大风险

最大的风险，在于香港与上海两地交易所开市时间不同，假日休息时间不同。当香港交易所休息时，香港投资者也无法买卖上海证券交易所挂牌的股票。如果你持有的某一只在上海交易所挂牌的股票，在香港交易所休息时而在上海交易所出现股价大跌时，你无法止损。相信香港证券公司也会因为这个理由，而降低保证金贷款的比例，以防止股价急跌而无法斩仓所带来的风险。

另一种风险是可供买卖的股票出现更换时，被除名的股票只能卖不能买，该股票就会面对相当长时间、股票价格下滑的风险。**沪港通不是所有香港及上海上市的股票皆可以买卖，而只是可以买卖指定的股票指数成分股，指数成分股会更换，一出现更换，就出现风险。**

内地买H股可尝“即日鲜”

沪港通投资者买卖对方市场的股票，基本上是按照当地市场的规定。内地股市规定投资者账户必须持有股票才能做空，所以香港投资者买卖A股，需要待买入股份交易日后1日（T+1）才能卖出股份。

换言之，一些香港投资者现行喜欢的即日买卖动作，即俗称的炒“即日鲜”，在买卖A股时不适用；反而内地投资者买卖港股，就毋须完成交收股票亦可做空，可炒港股“即日鲜”，当日买入的股票，一经确认成交后，就可以在收盘前做空。

内地市场不允许T+0交易（即日做空），也即香港及海外投资者透过“沪股通”买入A股后，不能即日做空，只可于T+1日或之后售出。

中国人民银行指，内地股市处“新兴加转轨”阶段，所以是否实施T+0交易，需要全面研究及审慎对待。

对于两个不同的市场，套利行为有可能存在。这更有利于推动市场变得透明，进行严格监管，以及各方面机制的健康发展。未来一段时间，如何有效令两个市场接轨，将是需要解决的问题。

沪港通的推出，有可能会进一步加快A股市场T+0的交易制度，以及逐步放弃涨跌停板机制，以与国际市场接轨。在现时的机制下，投资者即日买入的股票，无论股价上涨或下跌，都需要承担起码要持货一天的风险，无法在同一天做空以锁定盈利。这与香港的机制不同，投资者需要注意。实行T+0制度确实是大势所趋，但是不是这个敏感时候就值得商榷。内地股市当初启动T+1交易机制，就是因为内地股市成熟度不足，股民的投机意味浓烈，为了避免市场出现巨大波动，因而有这个T+1的机制。如果贸然换回T+0制度，市场肯定会出现大波动，影响市场稳定，尤其是在沪港通初期的试验阶段。

两地交易征费不同

投资者亦需要注意，两地的交易成本是不相同的。内地股民南下买港股的交易费用，低于香港股民北上买A股。内地股民只需缴付一般开支，即单边交易费连印花税，相当于成交额的0.108%；而香港股民买A股，开支则为0.168 96%。

港交所亦会推出新的“中央结算系统收费”，向参与沪股通的结算所参与者加收费用，参与者或会把开支转至投资者。

因而，有市场人士认为，沪港通的限制比想象中多，怕影响投资者入市意欲。对南下的股民来说，最怕交易被监控，或者会继续沿用以往的资金门路来港进行投资。而对买A股的香港投资者来说，要支付红利税及额外结算费已经不划算，持仓过夜的风险又高。

对于购买A股要持仓过夜的风险，很多香港投资者还是要谨慎操作，不可盲目购入。最好在熟悉了A股的操作机制后再放手投资。

内地股民须留意：南下买股不提供保证金

监管机构发表的细则列明，香港及海外投资者经沪港通买卖A股，不能够参与上交所的融资、融券，即保证金借贷及股票借贷计划，但香港银行、证券公司仍可自行为投资者买卖A股提供保证金融资。

由于买入A股的股票及做空后的资金，均经由同一账户交收，银行、证券公司可以其A股持仓作抵押品，按本身风险管理政策，提供不同比例的保证金借贷。

虽然香港券商仍会为沪股通投资者（即借道香港买卖A股的投资者）提供保证金借贷服务，但相反地，由于现在内地券商进行“融资融券”是采用中央机制，所以港股通（内地投资者到香港买股票）不会为内地投资者提供保证金服务。

投资者亦要注意：沪股通股票代码均为5位数字（内地是6位数字），所有沪股通股票买盘每手均为100股，最大买卖盘为100万股。香港及海外投资者不得就沪股通股票进行无备兑沽空活动。对内地股民而言，沪股通需要跟从香港无涨跌停板的机制，即某只股票升跌一成，股票不会自动停板，因为香港没有这个涨跌限制。

监管机构表示，沪港通设有防火墙，如两地券商出现失责等问题，风险只会在当地承担，不会将风险跨境传送。

对于香港股民而言，他们在买卖港股时，可以透过券商号码来观看个别券商排队的详情，但买卖A股就无法得知券商排队情况，部分香港股民可能会觉得不习惯。

监管法规
因应时势优化

在2014年8月中旬的时候，上海证券交易所公布了新的《上海证券交易所沪港通试点办法（草案）》，与4月发布的版本相比，作出了多处修改。很多原为"禁止"、"不得"的条款，修改为"另有规定的除外"、"暂不参与"……其中，投资者参与港股通及沪股通股票"禁止"参与融资融券，已被修订为"暂不参与"；而"港交所因紧急情况临时延长交易时间的，港股通交易时间不做延长"，也改为"暂不做延长"。这些修改显示出对于沪港通的设计正在不断拓展与完善。

上交所刊发的文件，详述了沪港通的南北行安排。当中有若干内容，提及遇有异常交易或违规时，上交所的角色及权限，例如有权要求港交所提交资料，甚至警示港交所。

上交所指出，香港投资者北上买A股，一旦被认为异常或违规，上交所有权要求港交所提供相关买卖资料，并可要求港交所调查涉事经纪。上交所亦可以按需要，检查港交所运营沪港通的工作，如表现不佳或违规，上交所有权提出警示及处分，亦可上报中国证监会。

在内地股民南下买港股方面，上交所指出，应港交所提请，或是上交所“认为必要时”，上交所可对相关买卖的市场失当行为展开调查（包括实地调查）。港交所刊发的资料，则只说沪港双方会就执法及监管制定合作框架，没有具体说明香港的权限。

税务安排需时完善

投资者亦需注意两地的税务安排不同。据悉，港交所要求内地监管当局，就沪港通的税务安排，设立宽限期。待双方厘清税务实施细节后，才开始征收，并且当中亦不应设有追溯权。根据现行安排，内地证券交易需要缴交印花税、股息税，及10%的资本增值税。资本增值税，不是一个单独的税种，而是指对资本增值的行为征收的税款，这是对股市和房地产市场的获益收取的税费。

把握制度差异带来的套利空间

对于两地市场所存在的不同，不少投资者担忧机构大户会利用交易制度的不同，以及两地股市交易时间的不同，而进行套利活动。投资者可格外留意以下三点。

首先，香港和内地的交易时间有所不同。香港市场下午交易时段为1点至4点，较A股收市迟1小时，这个时间差异可以带来套利空间。港股投资者可以利用A股在最后十几分钟异动较大的股票、所反映出来的“增量信号”，在港股接下来的一个小时进行集中操作。A股也能通过港股的反应，对第二天开市的情况作出预测。

除了每日交易时间安排造成的交易时间差以外，投资者还可以注意“共同交易日且能够满足结算安排”这个概念。沪港通的交易日安排在两地交易所的“共同交易日”，这会引伸另一种可能出现的套利模式。例如，香港投资者通过沪股通买入的股票可能会担忧圣诞节期间、香港公众假期、A股因不是假期而继续有开市，如果此期间A股出现异动，便可能带来损失，投资者有可能因而作出提前抛售的决定，从而造成相关A股短期下跌。如果对未来信心比较足则可以乘机买入，节后由于建仓也可能造成短期上行的现象，由此一来一回便可以套利。

另外，**A股有涨跌停板机制，而H股并没有这个限制，套利机会因而出现**。当两地上市的同一家公司出现异动时，H股由于不存在10%的涨跌限制，能够更有效地反映市场短期的情绪变化，对于A股后面几天的操作会有一定的指导意义。上海公布的试点办法同时表明，严禁投资者通过低价大额买入申报等方式恶意占用额度，影响额度控制。

资金融通利于扩大离岸资金池

随着沪港通推出，南水北调，北水南下，两地资金真正实现融汇贯通。参与沪港通的投资者，涉及人民币的兑换过程。当内地投资者到香港买股票时，内地投资者的人民币将会通过在香港的中国证券登记公司（后简称“中证登”），兑换成港币买入港股，如做空股票，资金会延原路经中证登，在同一个证券户口，将港币兑换回人民币。而香港投资者北上买上海A股，亦依循相类似的道理，港币需要先兑换成人民币，然后经香港券商购买A股，资金在同一个户口原路往返。

现在，每日早上9点30分港股开市的时候，香港离岸人民币（CNH）仍未定价，要到每日上午11点，财资市场公会才会公布官方定价。因此，银行如何合理厘定出兑换价格，便利投资者之余又保障银行，是一个关键因素。

在介绍沪港通时，港交所（0388）行政总裁李小加被问及交易中涉及的货币兑换牵涉的汇率问题，他指出，沪港通机制本身不解决兑换汇率问题，汇率风险需投资者及牵涉的单位各自承担及解决。如想买对方市场的股票，需兑换好货币才进行买卖。这带来的问题是，这个适用于沪港通的兑换汇率，到底应该根据人民币即期汇率、收市汇率或是离岸汇率兑换？不同汇率的厘定方法，都对投资者及银行本身带来影响。

针对沪港通的推行，中证登亦会选出“港股通”的报价行及兑换行，替南下的北水（意指人民币）兑换成港币以买入港股之用。相关银行的职责包括，每日提供合理的人民币报价，以及一系列配套服务，包括兑换、托管及结算等，确保过程有足够的透明度。据悉，当初中证登只打算选取一间银行作为报价行及兑换行，但后来担心一间银行是否足以应付市场运作需求，是否可以承载市场的换汇压力，求稳起见，确保没有差错，中证登因而改为选取更多家银行而非仅一家。

合资格的换汇行申请范围，亦由内地银行扩至外资银行，换汇行最初申请门槛为拥有内地股票结算业务的银行，而后来进一步放宽，容许有合格境外机构投资者（QFII）结算业务的外资行申请。这也是内地监管当局，因应市场情况愿意不断地完善及突破框框，应视作好事。

注意离岸人民币承载压力

临近沪港通推出时，各个单位为沪港通的技术及系统测试紧锣密鼓，市场将大量资源放在结算及系统准备。我认为，忽略了很重要的

一点，就是要深入考虑及具体探讨香港离岸人民币资金池的流动性，是否足以支持在沪港通机制下的人民币双向流动和支付等问题。

“沪股通”投资者需要以人民币进行交易及交收；“港股通”则限于以港币报价，以人民币与中介者进行交收。“沪港通”的推出，给银行与券商带来了新商机，两者都致力大展拳脚抢市场。然而，券商本身的人民币资金有限，需要依靠银行提供汇兑。

券商需要在银行开设人民币账户，然后根据客户需求进行估算，每日向银行进行一次兑换，维持券商自身的人民币头寸，券商便可以为自己的客户，提供无限额的实时人民币兑换需求。若券商在交易时段的人民币头寸趋紧，相信亦可以随时向银行进行大额兑换，令人民币头寸保持在充裕水平。

除了与券商进行兑换，以参与沪股通外，香港投资者亦可透过自己本身持有的人民币来买沪股。内地投资者参与港股通则必须将人民币兑换成港币。内地结算旗下的离岸公司，亦会在香港的银行开设离岸人民币账户，兑换方法与香港券商向银行兑换的一致，以方便为内地的投资者参与港股通时进行兑换。

人民币离岸资金池扩大

沪港通对离岸人民币资金池有正面作用，亦相信离岸人民币资金池能够应付交易所需，不过亦需要密切注意。

香港和台湾的人民币存款，在沪港通开通前，增速下降。香港人民币存款总额，于2014年4月达到高峰9 599亿元，之后连续两个月放缓，5月及6月连续减少340亿元；2013年人民币存款增加2 574亿元，2014年上半年则只有增长654亿元；而台湾7月人民币存款亦连续三个月放缓，较6月仅微增0.1%至2 930亿元。存款放缓的原因是，在这段期间，人民币汇率由升值转贬值，CNH（离岸）与CNY（在岸）利差收窄，进口商减少在香港购汇，跨境贸易结算下跌。

在2014年年中，人民币汇价止跌回升，令企业客户对人民币定期存款等人民币产品需求重拾兴趣。沪港通的启动对人民币资金需求有提升作用，预计香港的人民币存款可以因而再创新高。

香港CNH现时每日成交规模为50亿至60亿美元，若以港股通用尽105亿元人民币每日限额计算，港股通至少刺激外汇交易量增加28%至33%，而沪股通每日限额更高达130亿元人民币。不过，投资者可以选择即时兑换或以已有的存款交易，银行实际从中的得益比较难估算。沪股通及港股通每日限额均以买入及卖出净额计算，实际金额可远高于其净额限制。

沪港通的潜在参与券商超过500家。我认为，价格因素，在汇市这个高透明度及竞争大的市场，是比服务更为重要。银行同业间的CNH买卖差价现约10个点差，而对零售客买卖差价则至少近100个点差。我相信为券商提供的兑换差价会介于这两者之间，约为30～50点差，视乎券商的规模及交易对手风险而定。

人民币仍然是新兴货币，容易出现单边市。市场占有率较大的银行，因为毋须经常在市场卖港币，争取兑换业务时有优势。料沪港通成熟后，提供给券商的买卖会回升至一般企业水平。

我相信，香港人民币资金池可受惠于沪港通扩大，也相信资金池必定大于单靠贸易及香港人民币存款。透过沪港通能够增加香港对离岸人民币市场汇率的影响力。

不过，沪港通未推出，香港每日的人民币兑换和结算量已非常庞大。金管局数据显示，市场每日人民币的即期和远期交易量达300亿美元（约2 340亿港币）。人民币即时支付系统处理的每日平均交易金额高达7 000亿元人民币，高于港币交易量，当中九成属离岸交易。预期沪港通会大大增加支付系统及银行管理流动性的压力。

市场亦已经有人在担心。沪港通如果引发大额结售汇，在极端市况下，需要完成币种转换的资金，几乎相当于目前人民币兑港币即期汇率每月的交易规模。若供需未能平衡，会在极短时间内形成单边市，引发人民币汇价波动，甚至会对港币的联系汇率制度带来挑战。此外，汇率风险引发强烈的对冲避险需求，但最常用的外汇远期、外汇期权，目前仍受到诸多政策限制。普通内地投资者仍无法投资此类产品作风险管理。

金管局研究增加流动性方案

金管局研究增加人民币流动性的不同方案，包括提供即日回购，确保有足够流动性，及邀请银行担任人民币市场拆借和回购等安排的庄家，有别于金管局以央行身份提供流动性。

不过无论如何，沪港通先行先试，对香港人民币离岸业务和市场带来重大益处。香港如果能把握这个优势，可以进一步抛离其他离岸人民币中心的竞争对手，令本身的离岸人民币中心地位更加稳固。

2014年，人民银行再度调整了人民币汇率政策，容许双向波动，汇率不再只升不跌。兑美元汇率在2014年4月时创下新低，之后重拾升势，唯期间有银行适时推出看空人民币的结构存款，让看空客户投资或进行对冲。不过推出后一段时间反应冷淡，同一时间人民币基金认购额不断增加，兑换业务量节节上升，显示了市场对人民币前景依然保持乐观。

先行优势巩固离岸地位

据环球银行金融电信协会（SWIFT）2014年公布，人民币已取代欧元成为全球第二大常用国际贸易货币，仅次于美元，全球支付货币排名第七位，比2012年1月第二十位大幅提升，估计在中国资本账走向开放的同时，相关排名将继续提高。

香港是中国境外最大的人民币债券市场，人民币资金池增至超过一万亿元。市场上亦有跨境贸易结算，以及人民币基金等各种各样投资产品，这是本地及海外金融机构最重点发展的业务。不过，存在离岸人民币业务的不只香港一家，英国伦敦、美国纽约、新加坡及台湾地区都已经加入成为人民币离岸中心，积极拓展人民币业务。随着人民币走向国际化，也必须让欧洲、美洲、中东及南亚地区的其他离岸中心加强业务交投量，不会让香港独揽。香港的优势似在淡化的时候，要积极把握沪港通的先机，继续比人走快一步。

沪港通机制之下，500多只以人民币计价的上海A股可以透过港交所直接买卖，被视为离岸人民币的投资出路。距离沪港通开通前的两个月时间，资金持续流入香港，不排除部分流入股市提早建仓，人民币相关投资基金如人民币合格境外机构投资者（RQFII）、ETF达到净申购。我预计，海外投资者投入A股的资金规模可望急速扩大，或至超过万亿元。这会刺激在港的人民币需求，带动本地整体人民币业务，资金池扩大步伐必然加快。

香港要继续强化人民币业务的独特性，继续好好把握机遇，继续保持这个先行者的优势。离岸人民币资金的流动性，在沪港通开通后的真实情况会如何，我们现在没法了解得一清二楚，是会出现流动性急剧增加，带来即日管理的问题等，这些我们都要提高警觉。现在市场的深度，主要应付已经进行中的平常交易，日后要加入波动性较高的股市交收结算，一旦发生极端的情况，管理及支援便要沉着应战，坚守金融安全，战胜考验。市场不容忽略人民币资金调节等支援、测试及风险评估，别让机会变为危险。

炒折价股风险极大

沪港通的最佳概念股是什么？有人认为，是那些与上海A股比较，折价大的H股。因此在沪港通消息公布后，这类股票被市场热炒。例如山东墨龙（0568）、洛阳玻璃（1108）及东北电气（0042）等，一个月内可以升超过五成，不过较A股仍存在大幅折价。

理论上，沪港通的推出，可以令两地市场更有效运作。折价大的H股有望与A股差价收窄，但又未必会价格一致，而且AH存在折价的股份波动性大，投机味浓，需要留意风险，也要留意股票的基本面。

我认为，买折价股风险极大，我留意到这类折价大的股票中优质股极少，这也是为什么这些股的股价长期低廉。

你想一想，当沪港通开通之后，作为内地股民的你，会不会来香港买那些所谓与A股有股价折让的，而在香港只是三四线的股？要知道，内地股民买入H股后不能将之换变成A股，然后在上海卖掉。所以我想，内地的股民朋友会倾向于大家熟悉的香港大蓝筹股。

我在第2章中详细介绍了一些沪港通概念股，其中的旧经济股、内银股、内险股、内房股，多数都属于大蓝筹，股民朋友们可仔细研究选择。

成熟市场价格较具说服力

不过，我也认为，可以趁低买入别人抛售的那些跟A股比有溢价的H股。毕竟，香港是国际市场，沪港通开通后，AH股差价缩窄，会以香港的价格为靠拢目标。也就是说，沪港通正式启动后，有折价的A股股价上升机会大些，有溢价的A股股价下跌的机会也同样可能大些，而H股依然不变，香港市场远比上海成熟，成熟市场的估值会更有说服力。

当年港股直通车想开未开之时，香港人先炒起H股，特别是股价远低于A股的H股。现在，此情不再，A股已疲软多时，或需国际投资者通过沪股通来拯救。因此，我估计内地朋友更有兴趣的港股应该是大蓝筹股，这是内地买不到的。

对于内地股民而言，在沪港通开通后到香港买的股份，大蓝筹肯定安全一点。至少这些股不论有没有沪港通，都有吸引之处。那些H股股价远低于A股的股票，多数是垃圾股。A股股价高是因为有内地庄家托价炒作。货源少，炒作的目的就是炒高出货，一个不小心就会接到飞刀。

第4章

复制沪港通模式

chapter 04

第4章

复制沪港通模式

如今当局的首要任务，是确保沪港通稳妥顺利执行。只要确保第一步做得好，方能致远，确保资金流动到位，免除各方疑虑，其他的自然水到渠成，细水长流。

chapter 04

沪港先试
深圳毋须心急

沪港通在2014年4月公布后，还未开通，已经传出其他版本，包括“深港通”，即深圳及香港股市可以互联互通。我认为，沪港通的计划一定会延伸及复制出去，但复制的首站是否是深圳，以及何时出现如何出现，当中的额度规定及法例规定等又是否会与沪港通如出一辙？这就要视乎沪港通的模式有多成功。

市场认为，深港通将紧随沪港通其后是不无道理的，深圳毗连香港，在地理位置上有竞争优势，而且历来不少中港经济合作试点，深圳都可以抢占一席。前海的开发便是其中广为人所熟知的一例。不过，前海闹哄哄一轮之后，新近的发展似乎没有太多突破，甚至被后来居上的上海自由贸易区（自贸区）尽占风头。透视在中国经济改革开放的步伐上，内地城市与城市之间的竞争激烈，从未间断，要靠自己努力争取成为经济改革的桥头堡，以便分享经济改革成果，以免自身这个城市会被边缘化。

沪市先行 深市坐享其成

从股市的角度看，深圳有不少对投资港股有兴趣的投资者，相信早已通过自由行来香港买股票，即是说深圳的投资者对香港的股市有一定的熟悉程度，要推行两地股市互联互通自然更加简单。**深市不少A股亦为香港投资者熟悉，加上与沪市互联互通后，要再接受与深圳股市互联互通更加不是难事。**

沪港通的成败，及是否会扩至其他城市执行，也视乎A股市场表现。投资于A股，除了企业本身的基本因素，内地宏观形势，包括经济改革转型走势及内地自由贸易区的发展等等都互有关连。我认为，深港通也许不急于一时推出，毕竟沪港通先行先试，要不断理顺两地资金流，揭示风险。这样无论复制到哪里，都能够水到渠成。

观乎已经批出到市场上的A股合格境外机构投资者（QFII）额度，仍未被机构投资者用尽。这可能反映了近年A股较为乏人问津，外国投资者对A股有所虚怯，所以有市场人士担心沪港通可能只利好北水南下买港股，而对国际投资者进到A股市场，则信心偏弱。

深圳似乎乐意积极促成深港通面世，我认为对深圳来说，这方面需求确实是比较强烈。深圳与上海的竞争不用多说，近年深圳积极吸引企业上市，做大深圳股市规模，追赶上海股市规模，2014年上半年深圳新股的集资额，便较沪股多将近一倍。深圳见沪港通即将开通，自然不甘落后于人，所以一边向香港招手，另一边向中央努力争取，务求尽快推动深港通，以增加自己的优势，继续和上海的金融发展互争长短。

从香港角度来说，沪港通之后可以随之而来推出深港通，必然是一个新的机遇。一方面，可以继续强化香港本身作为外资进到内地市场的重要角色；另一方面又可以多一点内地资金流入港股，再者对香港离岸人民币业务亦必然带来好处。

不过我认为再好的事，也不需要赶在同一时间出现，现时香港需要做的，是确保沪港通稳妥顺利执行，这始终是新鲜事，只要确保第一步做得好，方能致远，确保资金流动到位，免除中央疑虑，自然水到渠成，细水长流。

沪港通未开通前，市场对这个机制到底是利港还是利沪已经众说纷纭。有的认为是对香港较有利，因为可以吸引大批跨国资金借道香港进到A股市场，继续帮助香港作为国际金融中心的发展。但亦有不少意见指，这个措施是中央借由香港，来推行经济改革及人民币走向国际化进程。我始终认为，沪港通是让两地共赢互赢的举措。香港市场有自身的竞争优势，何不努力做好新机遇，将来模式即便复制到其他市场，市场份额做大做强，始终是各方共赢的局面。香港自强不息，自会从中分得一杯羹。

香港要做的，除了要解决两地股市交易、监管制度等技术细节外，更关键的是如何理顺两地资金流动，营造资金平衡对流、互惠互利的格局。

确保有效执行而不出乱子

如何做到确保有效执行而不出乱子？如果港股吸引内地资金远多于沪股吸引外资，香港可以凭借本身的国际网络，吸引更多资金经香港投资沪股；相反，如果沪股吸资较多，港交所与香港金融业界，则需要想方法招来更多内地投资者。如此一来，这个机制便可行之有效，令两地股市资金互通，成为可复制的模式，而不是一潭死水。待沪港通运行顺畅，沪港股市交投又日益活跃，中央自然会有更大信心，放宽沪港通的限制，然后再于适当时候，将模式复制至深圳，成为深港通，为深港股市带来新一轮动力。

中国要推动一些经济上的改革或突破，从来都是试点先行。现阶段只有上海这个内地股市，可以与香港互通，而深圳暂时没有份，这难免惹来深圳股民极大反响，指摘政策厚此薄彼，并不公平。不过，我认为，中央做出这个决定是有原因的，毕竟上海已被定位为未来的国际金融中心，渐进开放资本账自然首选上海。首先开放沪股，相信亦有安全性考虑，沪股市场较为成熟，以大型股份为主，市场较有深度及广度，监管较有把握，深圳股市在这方面明显不足。

上海先拔头筹有机遇也有风险，沪港通的消息来得突然，半年筹备时间紧逼。在短短的时间内，要将两个不同的市场接通，交易及结算系统等硬件上的技术问题需要解决之余，其他问题包括交易机制差异、跨境监管、信息披露、税制、投资者保障及资金流管控等。这些都是重要的市场秩序，要有效执行而不发生混乱，是个真正考验。

沪港通开通，起步只可投资属于规定之内的主板指数的大型股份，目的也是要符合安全性要求。相对沪股的大型股份，深圳的优势在于大力拓展创业板及中小企业板，并且做得有声有色。不过，可惜这些板块的特点是市值相对小，炒味浓，散户乱炒及大户操控的风险较高，所以如果率先开放深圳市场中央要处理的风险可能更大，更容易引来国际投资者的资金乱窜一通，令中央担心开放的第一步容易出乱子，容易得不偿失。

既然未知之数太多，加上沪深股市概念有别，倒不如错开时间，待沪港交易机制运作畅顺，监管更加到位，资金流控制得宜后，深圳再来坐享其成推出深港通也不迟，始终内地要走向国际，开放是迟早及必然的事，又何必急于一时。

创业板或受到冲击

中国在金融改革开放上，香港始终仍然是首选的试点地之一。早在2007年港股直通车消息披露之前，广东省积极争取作为港股直通车的试点省份。理由是，广东作为靠近香港的经济大省，广东、香港两地居民在金融领域上的来往频繁，不少广东居民都持有一定数量的港币，对香港的一些公司也相对熟悉，在香港回归之后，理应在金融上有进一步的融合。不过，争取到头来是如何大家都已经知道——广东与天津的种种努力都没有成为现实，没有带来变革，当年的港股直通车终究没有开通，反而是上海如实表达了股市的低迷，最终亦是最先拿到了沪港通的通行证。

不过，广东省似乎一直也没有放弃港股直通车的努力。2014年广东省政府亦发布多项文件，提出深港金融合作的多个意见，包括明确提出要积极推进QDII2试点，即合格境内个人投资者计划。希望逐步实现深交所与港交所的互联互通，为两地的金融产品继续谋求更远大的机会及发展。

沪港通既是一个先行先试的计划，模式必定复制，我认为，在沪港通开通之后，深港通是没有太大的政策障碍，有的只是时间上的差别。鉴于深交所一直在积极推动港股直通车的努力，加上又有沪港通的成功经验，如果沪港运作顺利及带来正面积极作用，只要深港通将来一旦获得中央批准，可能很快地在一季之内、准备就绪就可以顺利推出。

不过，如我先前所说，深港通和沪港通会有不同。因为这两个市场本身的定位、市场上的受捧股份，及投资者的质素等也都不同，所以也有些事情需要担心留意。沪港融合的机制，难免令两地的投资者，都寄望对方的资金能让本地的股市活跃起来，结果却很可能是发现对方的资金都不够多。但是有一点是肯定的，就是沪港两地对不同的板块，给出的估值都是不一样的。A股市场上蓝筹估值较低，香港

投资者大多偏爱蓝筹，而港股市场上的创业类板块、中小企业不受欢迎，而A股的投资者则偏爱这类股票，因此两地融合后，究竟是能拉升对方的低估值股份，还是把对方的高估值股份拉下来，这是未知之数。这也要取决于经济大环境的变化，尤其是内地的创业板，很可能要面临较大的考验，因为创业板从来都相对风高浪急。

从数据显示，深交所创业板的市盈率大约在50倍以上，而香港市场的成长股平均市盈率通常在20倍上下浮动，如果在这种估值差距很大的情况下开通深港通，可能会对创业板的估值造成巨大的冲击。

台湾地区及日本不甘落后

除了深港通，台湾地区及日本等都不甘落后于人。2014年8月，台湾的金管会便表示，研究台湾资金可以透过复委托模式投资于“台沪港通”，允许台湾的专业投资人士，借由台湾券商复委托，再透过沪港通，投资上海A股。

而台湾地区及日本等，面对沪港通亦可能提出“台日通”等想法，要强化台日资本市场合作，推动台湾及日本的跨境交易，以助于扩大台湾及日本股市成交量，并表示会强化台湾和日本证券周边产品的推广和研究，包括共同开发新产品、推动双方企业双向挂牌等。所以眼下其他亚洲地区没有放软手脚，让沪港经济发展把她们抛在其后，反之互为开辟有利于自身经济利益的各种渠道，沪港市场的融合发展已经刻不容缓。

其他金融产品等待互通

中国证监会主席肖钢曾经讲过，沪港通是水到渠成之作，两个池子里的水，怎么也会比一个池子的水更多。

肖钢还说，实施沪港通的时机已经成熟，沪港通的最大优势是能够在不改变现有法律和投资者交易习惯基础上，实现买卖两个市场的股票，是一个双赢的局面，有利于为内地市场带来长期资金，对内地市场中估值较低的股票带来提升空间，同时也能为香港市场注入新的活力。

沪港通的确是一个史无前例的突破点。如果模式发展得好，不只是可复制到其他市场。除了股票市场之外，其他金融产品，亦可排队等待互通。

沪港通以人民币作为交易货币，可以起到扩大香港的人民币使用量的作用，进一步巩固香港离岸人民币中心的地位，这个政策正式推出受到各方欢迎，股市亦提早振奋起来。不少投资者看好沪港通，主要是认为，沪港建立了互联互通机制后，内地市场会变得国际化，国际投资者都会对内地股市很有兴趣，很希望涌到内地投资，估计他们会偏爱内地的大蓝筹股，亦有指这会收窄A+H股的差价，令两地市场趋于一致。不过亦有担心，大蓝筹受宠幸的同时，一些低素质股票将被冷落，一些垃圾股或需要炒作题材的股份会不受重视。这也许是资本市场改革发展需要经历的局面，A股市场亦需要面对真正的国际资本带来的影响，可能是将A股市场对准全球国际市场标准的契机。

对冲基金伺机出击

有实力的大型股份具一定竞争力，沪港通的开通，上海的大型实力股相信会被看高一线，可以为上海股市带来庞大的交易量，对冲基金也相信会趁机出动，寻找当中的机遇。

计划试行初期，投资者只可以参与在规定内的指数股份。上海股市所指的是上证180指数及上证380指数内的成分股，以及在上交所及港交所均有上市的A+H股。在港股方面，则是恒生综合中型股指数及大型股指数的成分股，以及同样在沪港两地均有上市的A+H股。

除了所买的股份有限制，计划亦设有额度限制，亦即交易额一旦达到一个数目，买盘便需暂停一下，待有投资者卖出，才有额度供给市场买入。通过香港交易所买上海股票，总额不能超过3 000亿元人

民币，通过上海交易所买香港股票，总额不能超过2 500亿元人民币，每日上限105亿元。3 000亿元与2 500亿元都不算多，目前已发出的QDII与QFII的额度远不只此数。

我们的憧憬应该是像2003年的自由行那样，开始时只是极少量的几个城市，后来大部分省市再加上一签多行等，自由行的爆炸力才真正显现。我估计，中央政府将来也必会调升沪港通额度，但速度不会太快，这必须配合人民币的国际化步伐而行。

或扩至外汇商品

这个设有买股限制的沪港通试点，如果取得成功，下一步中国开放资本账的试点可能会由现在只限于股票，扩展至其他金融产品，包括外汇及商品都有可能，而制度将来会与已推出一段较长日子的QFII及QDII制度合并也未必没有可能。

投资者亦需注意一个概念，就是这个沪港通是采取资金原路往返的方法进行。即无论是香港的投资者投资沪股，还是上海的投资者投资港股，所牵涉的资金，都是会在同一个投资账户中投到当地市场。待到卖出后，所有资金连同获利，需要全部经原路退回同一个投资账户。在此过程中，投资者并没有机会把做空股票后的资金放在当地市场作其他用途。这是中国开放资本账初期的一个严格控制，目的是不希望热钱有机会大举流入炒作，影响改革效果。**我认为，如果沪港通的试行成功，中央下一步是有机会开放这个管制的，亦即投资者可以将资金留在对方市场，用作其他用途。**

而随着沪港通的成功推行，QFII、QDII，及人民币合格境外机构投资者（RQFII）的计划有可能进一步放宽。当中包括有可能逐步提高额度上限，放宽汇入时间限制及放宽资本被锁定的时间限制；而批出额度予不同的海外投资者亦可能获得放宽，即申请者会较容易获批额度。

正如港交所行政总裁李小加也说过，沪港通不是优惠政策，不是A股救市方案，不是送香港大礼，是中国资本市场双向开放列车，须“平稳开出，安全抵达”。沪港通是首班车，不是尾班车，未来可扩容、扩量及扩展至不同城市。李小加认为，沪港通可谓中国资本市场双向开放的“首班车”，列车发出首日的上座率是否火爆，并非最重要的考量因素，最重要的是要确保列车平稳安全行驶。正如我一直认为，确保第一步做得稳妥，往后要开放便不是难事。

沉寂的B股
完成历史任务

沪港通概念，不仅让A股在通车前获得提振，还更让长久死气沉沉的B股也受到一个阶段性的鼓舞。基于市场，有看法认为，当B股有机会与A股接轨时，B股长期的低估值获得向上修正的机会。因而上证B股中，只要与A股有较大的差价，那些股份都会受到追捧。尽管是这样，我认为B股的历史任务已经完成，B股还是终需画上句号。

B股对内开放 下场惨淡

内地股票市场从20世纪90年代初期开始，A股市场不断壮大。虽然不少人看不透内地的资本市场，但随着中国经济地位不断提升，无可否定的是不少基金大户及机构投资者，都觊觎这个资本市场，纷纷透过QFII进入内地股市，在中国的经济崛起上分一杯羹。A股的涨涨跌跌，不只是内地市场自己的事，国际市场都会表示关注，更加左右港股走势。A股或受到内地自身经济形势影响，载浮载沉，但A股仍然继续致力走向国际化。

B股市场由主攻国际投资者，逐渐开放到面向内地投资者。然而，B股市场长久以来乏人问津。B股的问题，要由成立之初的历史说起。沪深B股的成立，原意是给外国资金买卖，与内地居民才可以参与的A股分隔开。上海B股以美元结算，深圳B股则以港币结算。

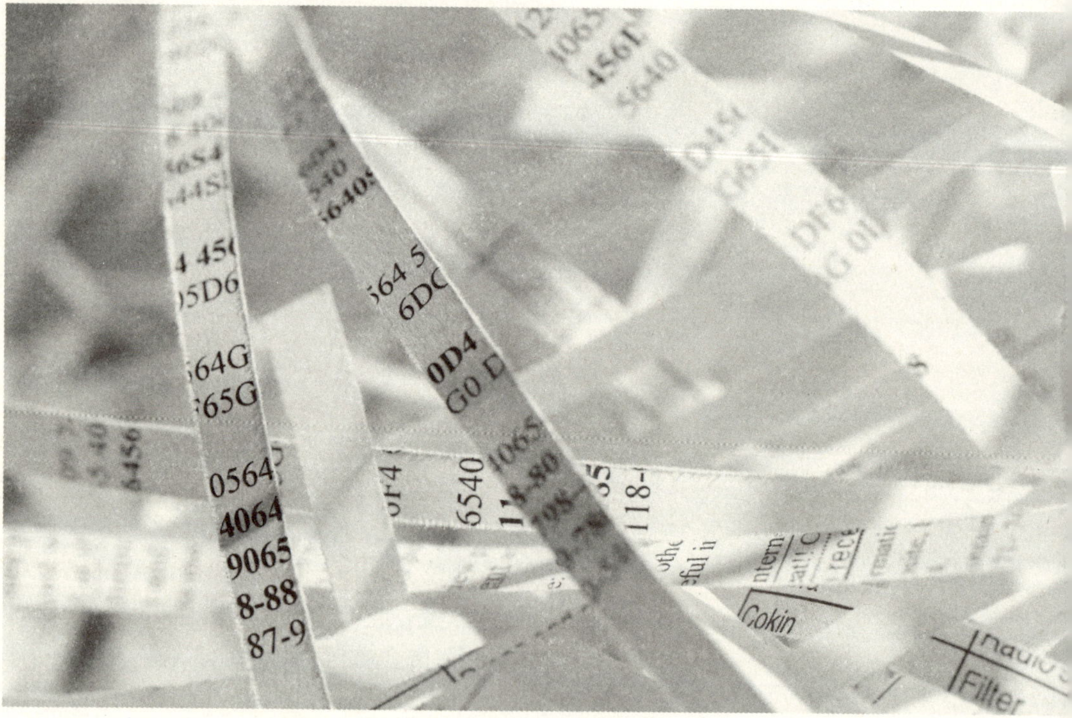

不过随着沪港市场融合，不少内地的国企民企都到香港以H股上市。如果国际投资者看好内地市场，要买内地的股份，在香港买H股就可以，直接买H股更快更方便，监管法规也比较完善，又何须要舍H取B呢?

B股市场的发育不良，令内地B股企业近年开始来港转以H股挂牌。中集集团（2039）（深：000039）及丽珠医药（1513）（深：000513）分别于2012年及2013年初成功首轮B转H股后，随即掀起市场寻宝B转H股份，趁机炒一转，后来内地地产龙头万科（2202）也搭上这班列车。

万科B转H 流通量过少

万科B股转H股来香港上市，于2014年6月25日首日挂牌，并未引起轰动，成交额不足7亿元，在成交榜上排第七。万科是内房股龙头的大哥之一，但来港上市不是发行新的H股，而是把在内地半死不活、成交低落的B股转过来。在内地，B股市场是个不成功的试验，当初搞B股是希望让境外居民可以买卖部分在上海、深圳挂牌的股份，但是B股流通的股份极少，外资兴趣不大。后来，为了鼓励成交，允许内地居民参与买卖，条件是这些内地居民必须拥有外汇，但也不算成功。因此，现在安排万科B股转H股，算是另一种试验。但是我始终认为万科H股要成功，必须大幅度增加发行量。万科H股的市值与中国海外发展（0688）比较，仍差得很远。

B股转H股从技术上来说有一个问题，在沪港通开通前，那些现有股东中，可能有些仍是内地居民，他们不可以买卖在香港挂牌的H股。我估计，沪港通推出后，会有更多B股转到香港变H股。当所有B股转到香港变H股后，B股或会正式画上句号。不过市场亦有意见认为，若深港通可以开通，可能会令B转H潮流暂停。但无论如何，随着沪港通开通，B股亦应该完成其使命。

B股市场原本是一个只对境外投资者开放的市场。2001年2月，决策者决定对境内投资者也开放B股市场，正式开放时间为当年的6月1日。在这一政策的刺激下，B股市场暴涨。以上証B股指数为例，从当时的80点一路大涨至6月1日的241.61点，升幅高达两倍。然而，到了6月1日，B股走势急转直下，两个月急挫46%。到2005年7月，B股指数再回到50点的低位，2001年6月1日及之后进入B股市场的境内投资者，全部被套牢。B股对境内投资者开放的重大利好，演变成了一场悲剧。

沪港通料不会重走B股命运

如今沪港通推出，市场人士重温历史，担心沪港通会重蹈覆辙。原因何在？因为随着沪港通推出时间的临近，A股市场与港股都从2014年7月开始，徐徐上升，其中港股恒生指数在2014年8月19日收报25 122点，创下6年来新高；而上证指数也在8月20日创出了2014年以来的高位2 248.94点。

市场觉得愈来愈眼熟，仿佛正在重演B股的历史，原因是港股因应沪港通走势锐不可当。2007年的港股直通车没有开通，内地投资者对于港股可能更加充满期待，香港市场对内地股民的吸引力，应该要比内地市场对外国投资者的吸引力为高。香港市场比A股市场成熟，很多股票价格远远低于A股，香港的监管制度及对投资者的保障，也比A股市场好。而且，香港T+0的交易机制，及不设涨停板限制亦较有吸引力。

据悉，因应沪港通效应，内地投资者通过香港券商开通港股账户的数目明显增多，而对港股QDII亦重新表示关注。2014年7月以来，港股成交也大幅增加，港股7月日均成交648亿元，比上月增加了26%。8月份成交进一步加大，在前12个交易日里，港股日均成交额已高达719亿元，按月比较再增加超过一成。预期开通后，内地股民对港股更为热衷。也正因为这样，才会出现有人担心沪港通重演B股历史。不过我认为，两地股市互相开放，面对的波动性无可避免会比以往大，所以两地监管者必都不敢松懈，尤其在开通初期会勤加监察，如有任何重大而没有预计过的事情发生，两地监管者亦不会坐视不理。我认为，沪港通的风险还是可控的。

研究合适退出机制免令市场波动

如今，B股市场已经处于非常尴尬的位置，现在外资已经可以利用QFII及RQFII投资A股，再加上沪港通之后，外资又多个渠道买卖A股，B股的存在已经没有意义。况且，B股一直不活跃，长期没有新股发行，俨如一潭死水，如果B股继续存在，我不认为对内地股市发展会有正面影响，反而可能会有负面作用。例如当B股市场价格较A股有大幅折价，投资者会不会对港股的相应股价走势出现误判呢？

B股的问题应该及早解决。要解决B股，困难亦不会很大，只要有合适的退出机制，避免惹来市场波动就好。B股市场规模不大，内地监管者可选择一次处理，并不需要慢慢过渡。对于同时存在A及B股的公司，B股可直接转为A股，为股份设立以年计的锁定期，减轻对市场波动性的影响。不想锁定股票的，也可以合理价格回购B股，或者卖给其他投资者，这样B股的问题便妥善解决，B股亦完成其历史任务。

第5章

看透中国经济新思维

chapter 05

第5章

看透中国经济新思维

我对三中全会的一连串改革充满信心，认为必然会成功。到2020年，中国人一定可以完成习近平主席所说的“中国梦”。

chapter 05

三中全会造就城镇化概念股

2013年11月9日，中共三中全会召开。中共每五年换届，换届时召开的一中全会议程简单，只是选出新的政治局成员。之后同一年的二中全会，也只是让新上任的总书记热一热身，不会有重大的改革，原因是二中全会召开时，总书记仍未接掌国家主席、军委主席的职位，不算党政军一把抓。而到了三中全会，总书记已担任国家主席，总理也换了人，新的领导班子全面接班，巩固政权之后召开的第三次中共全体中央委员的会议，即三中全会的重要性就很突出。此时，新领导班子向全党陈述他的施政理念，同时解决一些具争议性的话题。这就是为什么这一回的三中全会是重要的。

三中全会是党的中央委员的大会，不是政府的会议，因此不会讨论实体的政府政策，而是讨论方向性的政策。因此，大家千万不要期望三中全会会公布什么基建计划，也不会提出拨款多少钱来推动城镇化计划、保障房计划等。向来，三中全会都是用来处理一些有争论性的课题，在会议中寻求共识。因此，这也可以说是重大的国家政策改变的会议。这一次的三中全会最主要的三大课题是：1.城镇化与户籍改革；2.推动金融改革、银行市场化；3.重新检讨国企的角色，推动民企的发展。

过去，市场经常误传，说城镇化为一项数十万亿的大型基建，这是错误的。城镇化实际上是户籍改革和土地改革。过去三十年，大量农民由农村进入城市，但是他们没有城市的户籍，享受不到城市居民的教育、医疗福利。如此的城镇化是不完整的城镇化。另一方面，农村有大量集体拥有的土地，如果该农村靠近城市，城市不断扩大，农村就可以城镇化；如果农民真的将自己的户籍迁出，将来村民卖集体拥有的土地时，户籍迁走的前村民也分不到钱。这就是为什么户籍改革意见纷纭，不易有共识。这亟待待推出一些革命性的新政策。

国退民进再成焦点

银行、金融业市场化之路在习近平、李克强上任之后已开始推动。目前，贷款利率已经市场化。三中全会是确定银行金融业全面市场化、全面竞争的大方向。

三十年前，中国改革开放的开始，已经出现个体户的个人经营以突破国企的垄断。但是改革开放三十年，民营企业依然很落后。2008年金融海啸之后，更出现明显的国进民退现象。三中全会的目标之一便是要做到真正的民进国退。

推动市场经济成为重心

中共十八届三中全会闭幕当天，发表了一份公报，三天后再发表一份《中共中央关于全面深化改革若干重大问题的决定》。这份《决定》很详尽地说明未来十年中国的道路，如何通过改革来完成“中国梦”。

改革的重中之重，是推动市场经济，让市场来决定资源的分配、价格的厘定。与此同时，中国也将全面推动城镇化，鼓励内部消费，以需求来拉动经济，以取代过去的以投资来拉动经济。三中全会还决定放宽“独生子女”政策，以防止令中国走向人口老化的道路。

我对三中全会的一连串改革充满信心，认为必然会成功。到2020年中国人一定可以完成习近平主席所说的“中国梦”。

中国改革开放，先以廉价劳工、廉价土地成本、廉价资源为主要的吸引力，吸引外资到中国投资，利用中国的廉价生产成本推动出口工业。这是成功的，中国因此获得“世界工厂”的美誉。但是，长期依靠廉价的生产成本无法进一步提升中国的技术水平，也无法提升中国人民的生活水平。长期依赖出口，会使中国的经济受制于西方先进国家的经济循环周期。2008年由美国引发的国际金融海啸便是最佳的例子。

当时，一些在大陆投资的港企三个月里接不到一张海外订单，大量工厂倒闭，甚至有厂商自杀。最后，是由中央政府推动的“4万亿”的基建计划救活了中国经济。这是中国政府向全世界显示中国经济力量的重大行动。不过，“4万亿基建”毕竟是以投资来拉动经济，市场是不是能全面接受是未知数。在之后的两三年，部分行业也确实出现严重的产能过剩现象。

内销重要性扩大

2013年的三中全会，就是要纠正这种只靠出口工业、只靠投资拉动经济的偏差。国家要全力推动靠内需拉动模式，推动城镇化、放宽“独生子女政策”，鼓励民营企业，开放市场，让市场力量来决定资源分配、价格，鼓励竞争，这一切必定会使到中国人民的收入增加，更多民众分享到国家现代化的成果。

国民收入增加就会增加消费，城镇化也是推动消费的手法之一，只要中国人增加消费，有能力增加消费的人口增加，中国的经济结构会出现重大的改变，内销市场的重要性会扩大，内销产品可以是中国自己生产的消费品、中国自己的品牌，也可以是外国进口的消费品，或在中国生产的外国品牌。

香港有大量的厂商在内地开厂办工业，但以出口为主，今后应该努力寻找内销的商机。香港的服务业水平很高，也应该努力地出口服务业到内地市场。

举个例子。以前，我从来没听过光棍节，这个节日也好像是内地人民独创的。一个光棍节，阿里巴巴竟然做了好几百亿元的生意，可见13亿人口的购买力的确很大。待将来习近平的中国梦实现后，中国的GDP总额将超越美国，成为世界第一，那么。中国的消费市场自然也是世界第一。由此，我相信股市前途无可限量。

国退民进，路在何方?

“国退民进”是三中全会的议题之一。这是敏感议题，因为国企老总实际上全部都是中共干部、国家官员，他们一人戴两顶帽，又官又商，也随时会由国企老总变回市长、厅长、司长……“国退”的结果会不会使大量中共干部失去权力呢?

我多次谈到国退民进，如何做到国退民进?有两个方法，一是民间企业家自己创业，二是将国营企业卖掉。很多年前，大型国有银行上市时，喜欢找外资、国际性大银行作为基石投资者，但是，除汇丰控股(0005)仍然持有交通银行(3328)外，那些美资国际大银行已先后套利，卖掉当年以低价买入的国有大银行。汇控对交行不离不弃，相信是仍然期望有朝一日，中央政府会放手，让汇控成为交行的控制性大股东，这正是国退民进!

我相信长远而言，除四大国有银行外，其余的国有银行都有卖掉的可能性，这也是我决定长期持有徽商银行和交行的原因。

如果中央真的决定放弃中小型国有银行的控制权，收购战必然令其市净率(PB)升至3倍水平。

城镇化概念股：房地产及生活必需品

中石化以往炼油业务亏损严重，中央放宽油价管制，是最大得益者。中共十八届三中全会结束后不久，中央公布了一份长达两万字的60点《决定》。《决定》公布后，股市中好些板块出现炒作。这轮炒作是短期的炒作，还是一个拉动有关板块增长的新开始？

也许，我们可以先从城镇化谈起。这是三中全会的一个重心，这也是习近平的中国梦的一个重要组成。习近平的中国梦是要在2020年完成他的城镇化大计。到时候，城市人口可能多达十亿人，剩下三亿人留在农村。如此大量的人口迁移，城市人口暴涨，房价是不是会大涨？三中全会的《公报》与《决定》也反反复复地说要由市场来进行资源配置，推动市场竞争，让市场为商品（包括）房屋定价。

是的，入城的农民会大量增加，但是，城市的范围也会大幅扩大，一些原本属农村的地方会变成新的城镇。农民可以把他们镇一层高的平房拆掉，改建高楼，这么一来，就可以空出大量土地，卖给地产商建房屋，大量新的高楼落成，迎来大量的新人口，原来的农村就变成了一个新城镇，也就是习近平的城镇化计划之一。

原有的农民很可能会改行，在新的城镇找到工作，继续务农也一定会改变务农的方式。投资者会买下大片农田以高科技的方法进行大规模的耕作计划，提高生产力。大规模的耕作已经不是简单的拖拉机的工作了，更多重型机械，甚至小飞机会加入农业生产的行列。

生活在农村与生活在城镇是不同的。生活在城镇出外用餐会增加，在家中煮饭所用的时间会减少。因此，基本生活的消费品的销量会增加，这包括啤酒、汽水饮料、方便面、饼干、零食。此外，收入比较高的人会买车，有了车，就要买汽油。故此，三中全会宣布汽油价格要开放，不受中央管制，由市场来决定。

过去，中石化(0386)与中石油(0857)提炼汽油往往是亏本的。因为中央政府管制汽油价格，如果汽油价格开放，汽油需求也增加。

三中全会最大的得益股就是上述的两家石油股，石油股因为过去炼油亏本，股价偏低，三中全会后股价上升。但是，股市往往是涨得慢、跌得快。因此，相信最有能耐持续上涨的股应该就是这两只石油股。

简单说，城镇化就是大量人口迁入城市，因此城镇化最值得炒的两大板块，就是房地产股及生活必需品股。美国不退市，人民银行或会担心热钱导致资产泡沫，而不会停止打压楼市。这对房地产股有一定的利空压力，因此地产股只适合长线投资。

然而，生活必需品股则属长短线皆宜。农民入城，生活必需品的消耗量一定会增加，名牌的优势会造成强者愈强的趋势。今时今日已有多只生活必需品股跻身恒指成分股，这些股份都是市场上的领先品牌，包括中国旺旺（0151）、康师傅控股（0322）、恒安国际（1044）、华润创业（0291）。

这些企业所出售的东西，价格不高，因此，运输成本占了总成本一个相当重要的部分，运送小量货品到偏远的乡村，成本是相当高的。但如果人口集中于城市，运输成本就会下降。当然，非恒指成分股中，也有不少知名品牌值得留意。

国企改革 捕捉下一只中信泰富

中国改革开放、经济发展一日千里。今日香港生产总值只占中国全部生产总值一个很小的比率。从这个角度来看，香港应该愈来愈不重要，是一根鸡肋。

然而，中信泰富全面收购母公司中信集团的行动，证明香港绝对不是鸡肋。深圳市政府打算开发的前海，为什么引人注意？理由也是前海计划引入不少香港式的制度，包括以香港法律来进行仲裁，税制模仿香港，让香港的专业人士前往执业。从某中程度上来讲，沪港通亦是上海借重香港，多过香港借重上海。

中信泰富绝对不会是单一的收购行动，这宗交易的内在意义比股价涨跌更重要。

中信泰富完成收购母公司，亦已更名为中信股份（0267），市值三级跳，成为一家规模宏大的红筹企业。所谓红筹企业，就是在香港注册成立的中资企业。随着收购完成，母公司也把注册地点由内地搬到香港。

华润创业招商局或跟随

中信泰富收购完成母公司中信集团的业务，变相令中信集团整体上市。我估计，将来其他综合业务的红筹公司如华润创业（0291）、招商局（0144）的母公司也会以同样的方法非正式地整体上市。

中信泰富收购母公司的资产并不容易。首先，中央政府决不允许贱卖国有资产，因此，收购价绝不能低于资产净值。这一次，中信泰富以2 269亿元人民币收购母公司的资产，收购价肯定不低于资产值。

中信泰富以现金及发行新股来支付收购价，而现金的来源则全部通过配售新股来筹集。换言之，中信泰富没有动用现金，只靠发行新股来进行收购。这批新股中，大约1 770亿元人民币的股份会交给母公司，另外499亿元人民币的新股则配售给投资者。这是一笔庞大的集资活动，比不少大型的新股上市所集资的资金还多。因此，配售价也应该相对于资产值有所折价。这一回，中信泰富是以每股13.48元港币配售新股，也以同样的价格发行新股给母公司用来支付部分的收购价，13.48元相对于资产值是有所折价的，折价率为10%。这一来，母公司以100%或更多的资产值的价格卖股份给中信泰富，再以10%的折价价取回大量的中信泰富股权。交易完成后，母公司中信集团持有中信泰富的股权将从以前的57.5%增加至高达八成。这样一算，母公司是有得益的。

母公司的得益是不是小股民的亏损？也不像。2014年3月26日，中信泰富宣布此消息前的股价只是12.66港币。停牌前一日更只有12.08港币，停牌前股价有异动，上升4.8%，而配售价13.48港币是比停牌前高6.4%。如此大型的配售，不是一般基金有份参与的——新中信便引入了投资者，当中包括腾讯（0700）、周大福、郭鹤年家族、社保基金及淡马锡等。这类基金都是长期的投资者，不会有兴趣赚少少的差价。

收购完成后，因为母公司持有中信泰富的股份高达八成，估计还会再继续配售新股，一方面集资，另一方面减低持股比率，为市场制造流动性。集资干什么？我估计，一个可能性是用来私有化市净率（PB）很低的旗下上市公司，最佳例子就是中信银行（0998）。

香港监管制度最值钱

过去几年，上海步步进逼，直逼香港国际金融中心的地位。在竞争上，香港工资高、土地贵，而且不像上海那样有广大的长三角腹地为后盾。因此，香港人忧心忡忡，担心上海会超越自己。上海搞自由贸易区，香港人的神经更跳一跳；上海要搞离岸人民币中心，香港人心惊胆战，生怕生意被抢。20世纪90年代初，中信泰富、上海实业、北京控股、粤海投资等国企纷纷在香港设窗口公司并上市，那是香港人信心爆满的年代，香港人认为香港可以成为中国唯一的金融中心。后来，深圳、上海交易所先后成立，红筹股就差不多不再来港了，取而代之的是在内地注册的大型国企来香港发行H股，与上海、深圳的A股、B股平分秋色，各自竞争。逐渐地，上海股市的总市值、股票交易额都远远超越了香港。近10年来，香港社会忙于内耗，眼看竞争力日渐下降而束手无策，士气低落。士气愈低落，对政府愈不满。

是的，不论是特区政府还是中央政府都必须重视重拾香港人的信心。现在，国务院下属的中信集团整体迁册香港。发言人说原因是香港的法治与监管水平比内地高，通过高水平的监管与法治，可以推动中信集团的进步。这方面，短期内上海显然还是没法追上香港。中信集团整体迁册香港，可以协助香港人重拾信心。

中信泰富收购母公司接近所有资产的行动目的，就是把整个中信集团交给香港证监会，交给香港的法律来监管，这也是香港最值钱的地方。许多在香港上市的国企，都有一家没上市的母公司，为什么母公司不上市？原因很复杂，当年国企改革，国企中一批老干部离任、退休，国企仍得养他们一辈子。若把这笔费用也加到上市的部分，也许会吓怕投资者。还有，国企未上市前，可能自先衡量一下，国企内多种不同的业务，有些赚钱有些亏钱，如果把亏钱的部分也推到股市，也一样会吓走一批投资者。

经过许多年的改革，仍在领生活费的离任退休干部，可能所剩无几，亏钱的部门也可能卖掉了，有扭亏为盈或干脆关闭，因此决定不再黑箱作业，把母公司整个集团送到香港上市，接受世界级水平的监管。

接下来，该是迎接珠三角与香港大型基建落成的日子，这些大型基建落成，对香港而言也是进一步提升香港的竞争力。

当然，香港不能只坐在那里等中央政府不断地“送大礼”，香港也得不断地主动寻找生机、商机。特首梁振英重提设立创新及科技局，我认为是正确的，应该支持的。立法会议员们应该知道香港在创新与科技方面已远远落后于上海、深圳、新加坡，是急起直追的时候。

光大控股是下一只中信泰富?

国务院正式批准，光大集团由中央独资控股改为股份制，光大控股（0165）迟早会像中信泰富般，收购母公司的全部资产，使光大集团完成整体上市的任务，变成正式的股份制公司。受这则新闻的推动，光大控股股价在2014年8月5日急升14.7%，自中信泰富宣布收购母公司资产后，我多次推介招商局国际（0144）及华润创业（0291）。当然，我也持有这两只股，等中央下令改组。我错过光大控股，原因是光大控股不属于恒指成分股，看漏了。至今，我依然等待招商局及华润创业的改组消息。**股票投资之道是在未炒起前买入，然后耐心地等待股价发威，而不是炒起后高追。**

石油股改组消息利好

国资委公布，6间央企成为国企改革试点，当中包括中粮、中建材这两家有H股上市的央企。我相信是利好，可以考虑买下来等好消息。有改组消息的两只石油股，即中石油（0857）与中石化（0386）同样不错；有合资搞铁塔公司的三家电信企业的股价也表现得不错，进行改革的时候中信泰富股价表现也同样不错。习近平的经济改革，应该在2014年下半年逐渐成熟推出。我相信沪港通推出时，国企改革也正好步上高峰期，所以我对沪港通的期望是很大的。

中石化委任多家中资及外资投行为顾问，准备将30%的下游业务开放给民间与海外资金参与。自从中石化宣布将分拆下游零售业务，让民间与海外资金参与后，股价就一路向好。道理类似和黄（0013）卖掉25%的屈臣氏股权给淡马锡，售部分屈臣氏股权让投资者知道和黄的资产是如此值钱的。

中石化打算出让30%零售业务股权。一些国际投行对其零售业务的估值，已经等于中石化的总市值，那么现价的中石化上游、中游业务是免费的，中石化通过这行动就可凸显自己的价值，同时完成习近平的经济改革计划。习近平已说过多次，要将大量由国企垄断的行业，开放给民间及海外资金经营，真正执行前主席胡锦涛没完成的“国

退民进”计划。

2014年中期，中石化公布一份比市场预期更好的业绩，炼油业务表现好，亦归功于习近平的经济改革——开放价格。汽油价格由市场决定而不是政府决定。过去，中石化炼油是亏本生意，因政府刻意压低油价，导致油站要排队买油，有人走后门买油，贪腐现象产生。中石化开放汽油站的零售业务，将与民营企业合作，业务更多元化，利润自然会进一步上升。

开放市场非统一利好国企

中央政府宣布开放多项由国企垄断的业务，我们不妨详细研究这计划的内容，寻找另一些类似中石化的概念股。

国企开放市场对现有的上市国企而言，不一定全部利好。中石化的开放是把其业务的下游分拆开放，结果是凸显自己的资产值，因此利好；与此同时，其他行业的开放有可能是直接允许民间资金的参与，加入竞争，因此是利空。

正如银行牌照，腾讯（0700）取得民营银行的牌照，阿里巴巴也迟早加入战团，这当然对国企银行造成竞争，变成利空消息。

在寻找这类打破国企垄断开放概念股时，要分清楚是通过开放以凸显资产值，还是面对民间在开放后的直接竞争。但从中国整体经济利益看，不论开放是以何种方式进行，都是大大的好事。

新经济股未玩完

2013年新经济股开始出现炒作，2014年初出现巨大的调整。不少人担心新经济股已经玩完，但是我依然坚持新经济股仍未玩完。一场新经济的革新，怎么会这么快结束！

新经济股的股份炒得火热，其中不少是炒过一轮、两轮，再翻炒，每一次翻炒，总有人觉得很后悔，后悔在较早前止盈或止损了。

大家千万不可以有这种后悔之心态。要永远记住，不要眼红别人赚大钱，也要永远记住，机会多的是，失去一个还有第二个。

炒新经济股切勿搏命

这些新经济股，有一些我幸运地已持有，有一些我错失了。若已幸运持有的话，我会任由其涨涨跌跌，炒完一轮又一轮，暂时不会有套利之打算。我也不会去估顶。当股票进入炒作期，估顶是不明智的行为——因为大量不理智的人，会把股价推向一个无法估计的高位。

如果我错失了机会，会耐心地等待股价出现调整，再等待调整结束后及出现另一轮炒作时，快速地上车。不过，如果调整幅度不大，也不会再追了，还是那句话：不要眼红别人赚大钱。许多小股民往往会在股市一而再、再而三地疯狂炒作时，以超高价买入股票，然后亏损惨重。所以这种心理要不得。

尽管所谓的旧经济股，在新经济股受追捧下被打入冷宫，但我的投资主力，依然是旧经济股。1999年至2000年时，股神巴菲特不为当年的新经济股所打动，最后避过一劫。我不会避开新经济股，但绝对不会以新经济股来赌身家，这是很重要的自我约束。否则，赢得愈多的结果一定是赌得更凶。

千万不要后悔卖掉了某一只再次翻炒的新经济股，今日的后悔只会带来将来更大的后悔。

新经济股炒作，很容易令股民迷失，股价可以在数月内上升数倍，买中的话，怎不会高兴，如痴如醉的股民也正在增加。

但是，新经济股容易炒吗？也是不容易的。股民追入后，股价或出现调整，而且调整幅度不小，调整的时间也不短。每天，电视节目中主持人询问股评人的问题中，最多的就是手中下跌股该不该止损。

是的，理智的股民都会止损，因为他们都知道，这类股的抢椅子游戏迟早会停。但是，倒霉的是，往往股民在止损后，股价又再重新起飞，怎么办？重新追入？

中信21世纪（0241）就是最佳例子之一。此股炒作了一轮后，出现调整，调整幅度也不小，足以令多数理智的股民止损或止盈。但是，调整一轮之后股价又再上升，2014年3月5日更急升15.8%，一轮新的炒作又出现了。中华包装（1439）也是另一个例子。此股以0.51港币的价格上市，一上市就飞升，一度升至0.95港币，但是，很快向下调整，跌破招股价。2014年3月4日却又一举重上招股价，相信不少高追者也已止损，该不该再追？

这的确是一种困惑，理智的炒作者不能不止损，但是，炒股却往往不识炒一轮，炒了一轮，杀了一些止损者，货源再度归边，可以再炒高一轮又一轮。

新经济股升了一段时间，如入市早，就算出现大调整后入场，应该仍是有利可图。可惜散户的通病就是在股价开始上升的前几天，仍然犹豫不决，等他们最终决定入市买时，股价又翻了几番，结果接了烫手山芋。

我不是说新经济股已炒完，只是当大量散户开始相信炒股不炒市，疯狂入市之后，一定会有大户先获利回吐，同时震一震仓。货已派发了，如何回收？庄家想要逢低吸货，答案自然是震仓。大大的震仓，能挨过的散户不多，包括我在内。我手上有一些股，持有许多年，原因是这些股都是在很低的价格买入，低价买股，震仓也好，大熊市也好，伤不到自己。但如果是高价才追入的，我也一样很容易因一次震仓而被震走。腾讯（0700）就是一个例子。腾讯上市初期，我没有碰，因为我深受股神巴菲特的影响，他说他不买网络股，因此我也不买。到后来，腾讯股价超过300元，升幅近百倍，我才觉得看漏了眼，终于决定追买，但毕竟是高价买，没什么信心长期持有，最后也是被震走了。白忙一轮，没亏没赚。

当然，虽然腾讯后来升至500多元，我也不会后悔过去在300多元的水平被震走，我相信，如果我在500多元再进场，一样不用多久也会被震走，无法真正做到长期投资的策略。

把握节奏，适时止盈止损

是的，设定止损价或止盈价是正常理智的投资行为，许多小股民在股市牛气冲天时，高价买入股票。之后，牛市结束，股价大幅下跌，小股民不舍得止损放弃，一心一意地死守，希望股价能止跌回升。可惜，等了一个月又一个月，股价依然无法回升至自己的买入价。最后，错失了一个又一个反弹脱手的机会，最后股价极可能下跌九成以上。目前，一些所谓的热炒环保股、新能源股实际上是第二度翻炒。这些股在两三年前也曾经炒作过，目前经过二度炒作后的最新股价，往往仍然比两三年前的高峰期低。可见，当年股价在一轮炒作后，由高峰往下跌的跌幅的确惊人，至今仍无法完全收复失地。腾讯与银娱能在一轮又一轮的调整后再创新高，这样的例子实际上是非常少的。

一个正常、理智的投资者，买股票前是会预设止损价，股价上升后也会设定止盈价。特别是针对炒味很浓的股，高价追入而不设止损价很可能亏损严重。可是，就算是炒味很浓的庄家股，也不是炒一轮就炒完。炒作的过程也是一轮又一轮地炒上，炒上第一轮，散户追入后，股价就大幅下跌，逼散户止损。等散户止损后，庄家以低价吸货，就可以再度炒上。如此一轮又一轮地炒，终于，一次又一次止损后深思后悔的散户决定不再止损了，开始认为只有长期投资才能真正赚到钱。

很可惜，当他们开始盲目地力捧长期投资才是赚钱的真道理时，股市已到了牛市最疯狂的末期。这些人在股价处于极高的水平时买入，然后打算长期持有，股价下跌也不止损，最后的结果就是这场大牛市结束了。毫无实质业绩的庄家股的股价也就如断线风筝般地往下跌，不愿止损的小股民就这样把毕生的储蓄一次亏光了。

记住，不是每一只股都值得长期投资，长期投资者也不应该在高价追货。

股民通常在牛气冲天时高追股票，但大跌后又不舍得止损。

2014年初，人人在谈网购，不过，2014年3月公布业绩的零售股高鑫零售（6808）纯利，竟然仍有15%的增长，同店销售也增长2%，有些意外，难怪股价马上反弹7.1%。

2014年3月全国政协开幕，但是，当期炒作了一段时间的环保股、新能源股，部分却没有得益，或按兵不动，或出现回吐。这类股有真有假，有临时变身炒概念的，有经营多年仍没有利润的。未上车者不妨等公布业绩后才考虑如何选择。

环保股、手游股概念新

环保事业肯定是有前途，但是，股价脱离了盈利基础太远的话是不可能持续的。炒风之后，因为在下跌过程中不少人想趁低吸纳、博反弹，因此，股价一路跌就一路加入一些新的蟹民，及新的短炒失败者的抛售所带来的压力。

炒短线者一定要有时间盯住股价，见势不对及早脱身，见势好也得马上上车，迟一天都太迟。因此，一般天天得上班的打工一族炒短线是很不容易的，这只适合退休的老人，打工一族千万不要辞掉工作全职炒股。只有两种人可以全职炒股，那就是庄家与庄家的好朋友。

环保股是翻炒，IT科技、网络股也算是翻炒，不过，概念比较新。2000年炒网络股时，出现了许多什么内容也没有，一分钱仍未赚到的概念股。目前的网络股如腾讯已是实实在在成功的网络企业，阿里巴巴也同样有良好的盈利记录。如今与网络有关的手游股则是2000年时代没有的，因此，同是翻炒，这类股的能量就超越了2000年的水平，而且，网上购物潮更推动了物流股。

我一直认为，这一轮新经济股并未炒完，只不过参与者必须有能力挨得过大震仓，而且起步要快，不能犹豫三四天之后再以更高价追入。

2014年3月26日，中信21世纪（0241）升20%，文化中国（1060）升13%，被震仓震走的人，只能羡慕别人好运气。当然，我还是要再三告诫大家，炒双马股（指马云的阿里巴巴和马化腾的腾讯）、庄家股千万不可以赌身家，而且要开始辨认不同的新经济股的实力。2014年初，云游（0484）公布一个盈转亏的业绩，的确令人大吃一惊。

新能源股勿过分憧憬

2014年8月，风电股金风科技（2208）大翻身，推动其他新能源股的股价，数只光电股在2014年8月下旬股价也大幅上升，内地政府的确很努力地推动新能源的应用，改善环境。不过，推动新能源需要政府大量的补贴，只能循序渐进地推广，因此，投资新能源股千万不要头脑发胀。

中国光纤（3777）公布了2014年中期业绩，盈利增长23.3%，相当不错。不过，因股价已上升一段日子，所以在公布业绩后出现好消息套利现象，股价不升反跌。我也在业绩公布前一阵子买入这只股，也没兴趣急于出手挣快钱，决定继续持有。我认为，大力发展光纤通讯也是内地政府重大的国策。中国光纤是内地最大的光纤活动连接器生产商，业务发展快，2014年8月股价也处于历史高位，公司已宣布技术上有突破，成功调试世界尖端的陶瓷插芯核心生产技术，能够进一步扩大市场占有率及发展海外市场。

鼓励民营医院 利好医疗股

凤凰医疗（1515）公布2014年中期业绩，盈利大幅增长63.6%，的确亮丽，我也相信内地政府会逐渐鼓励成立民营医院，让市场来决定医疗价格。目前，走在国策最前面的凤凰医疗得益不小，2013年此股上市前，我推荐过，自己也有申请。上市后股价曾热炒，最高升至14.48元，升幅惊人，然后出现获利回吐。我相信这行业会有高增长，因此并没有在高价套利，持有至今。

炒新经济股并不是容易的事，理由是你不知道什么时候抢椅子的游戏会喊停。每一次的大调整，你都可能以为游戏终止了，赶快止损逃命。可惜，止损后才发现只是另一场震仓，而自己就这样一次、两次、三次地被震走，止损的确是减低大幅亏损的好方法。但是，十次买股、八次止损，你对自己还有信心吗？不必止损的另外两次也不见得能赚很多钱，往往也只是赚点小钱罢了。

参与新经济股，以及三、四、五线股的炒作，只宜投入少量资金，买错了也不斩仓，等奇迹出现，所谓奇迹就是翻炒。我相信有翻炒的机会的大前提是，目前的股市并非熊市。只要不是熊市，概念股可以炒作多次，换一换庄家，等散户完全失去信心，沽售离场时，就可以重新收集。

科网革命

近期兴起所谓新经济股，其股价与掌舵人息息相关。如阿里巴巴没有马云、腾讯（0700）没有马化腾，股价便没有前途可言。

目前的情况有点像1999－2000年期间的股市。当年科网股热炒，真假科网股一样热炒。热潮、泡沫始终会爆破，不过，人人都相信不会是明天爆破，不会在后天破。人人都希望在爆破之前先赚一桶金。

当年，我听信股神巴菲特的话，他说自己完全不碰科网股，因此我也只敢投下极其少量的资金在科网股上。现在回想，也不知道自己当时是做对了，还是做错了。

2000年，科网股泡沫爆破，科网公司的股价跌至比1999年起步时更低，因此我算是做对了。不过，跟一些有能力在科网股爆破前全身而退的人相比，我是做错了。

现在炒风又起，炒作的范围也扩大了，不只是科网股，还有环保股、医疗股和新能源股（新能源股也可以说是环保股的一种）等。

炒风重现，与1999—2000年科网股热潮不一样的地方，是科网企业经过十多年的淘汰赛，留下来的确实能够赚钱，而不是1999—2000年时期的空炒概念。

科网大企染指银行

中国银监会正式批准成立三家民营银行，今后还会再大量增加，目前中国至少有200家银行，有全国性的、省级的，也有市级的银行，全是国营银行，管理水平参差不一。估计今后改革方向，会包括将部分中小型国企银行卖掉，变成民营银行。交通银行（3328）上市时，当时希望它最终会通过改革而变成民营银行，而汇控将是交通银行的最大股东。若果真如此，交通银行必一跃而成为内地管理最佳的银行。不过，等了好几年，这个期望仍未实现，但作为长期投资者，我是有耐性再继续等，等中央政府全面改革内地的银行业。

三家新的民营银行中，有一家的大股东是腾讯，相信阿里巴巴迟早也会取得民营银行的入场券。这说明中国银监会很有兴趣推动网上银行，这也是新经济一个不可或缺的部分，从银行、网购加上物流而形成一个新的购物系统。因此TOM集团（2383）应该也很值得憧憬。我估计，TOM与中国邮政联营的物流企业，必然会积极地申请开办民营银行的执照。

科网与物流配合

香港邮政局一百多年来只服务香港，新加坡邮政局则在多年前已变身上市公司，现在是整个东南亚区域内一家大型的物流公司，不再局限派信派邮包，而是全面的物流服务。我看好未来物流业前景，故复星国际（0656）宣布与阿里合作搞菜鸟物流网后，我便立即买入，也有申购嘉里物流（0636）新股。

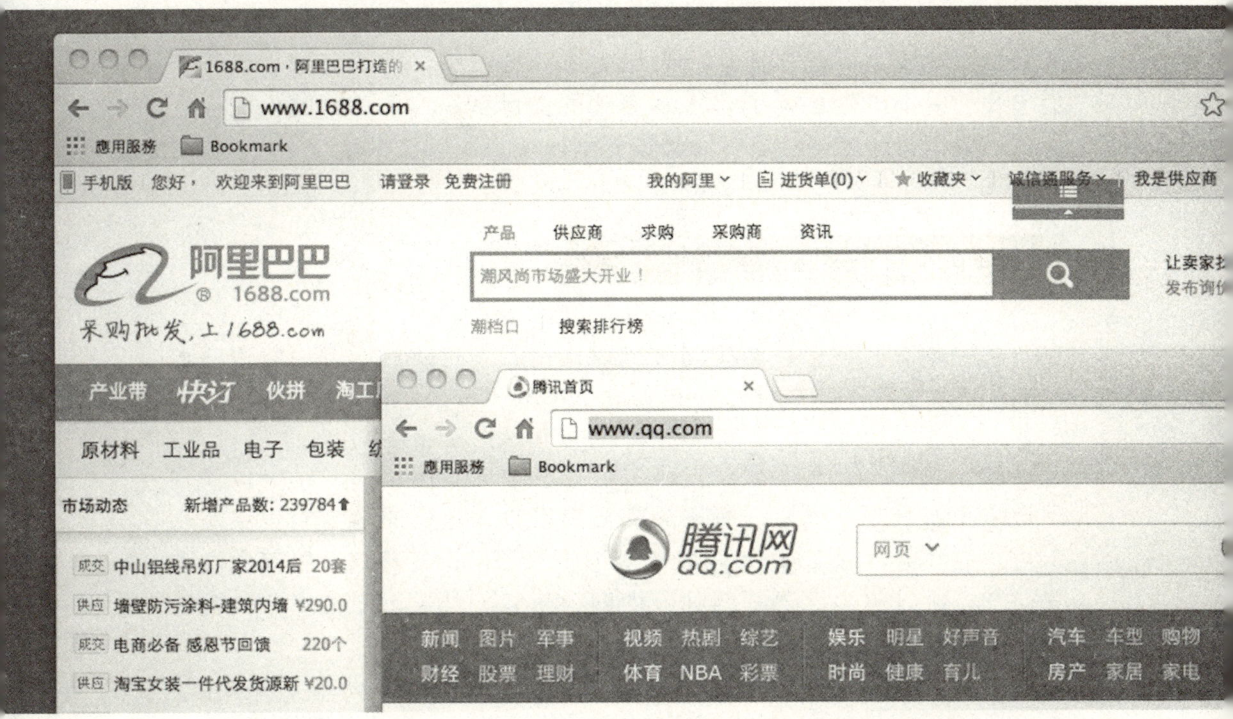

物流业日趋重要，与全球一体化及网购的兴起不无关系。全球一体化使得全球分工，大量物品在全球流动，企业与企业的竞争更讲究成本节约，良好的物流系统是竞争力的条件。你在购物中心买到比利时包装精美的高档巧克力，是在比利时生产，然后运到中国包装，再运到香港零售。整个过程涉及运输、货仓、代加工、报关、税务、存货、冷藏服务。若加上网购则再涉及更多行业，一粒朱古力从生产到零售涉及多少企业？多少附加值？这整个物流供应链的管理是非常专业的。

网购的兴起是零售业的革命，可以把销售的服务范围扩大。少了店铺租金的支出，少了商店零售服务人员的工资，网购可以提供更低的零售价。而成功的网购，涉及金钱的支付系统，涉及物流的配合，因此，腾讯与阿里巴巴要开办银行，组织庞大的物流系统。

腾讯及阿里巴巴忙并购

腾讯与阿里巴巴是中国两大网霸，同时互相对打。过去腾讯是以网上游戏、通讯为主，阿里巴巴以网上购物为主。

如今这个情况有所转变，阿里巴巴决定力攻网络游戏，导致多只网游与手游股股价暴涨。腾讯见阿里巴巴攻入自己的地盘，也决定攻入对方的地盘，以15亿元入股华南城（1668），打算进军物流业、电子商贸，挑战阿里巴巴一网独大的网购生意。结果，马上发达的就是华南城现有大股东，股价狂升60%。

网购兴起，网购需要物流业支撑，网购业也撑起物流业，而真正物流业的龙头，仍然是嘉里物流。我也与许多散户一样，加入打新股的行列。

不过，大部分中签的新股都只打算投机性持有一段短时间，但是，嘉里物流则是我相当喜欢的新股。除了上市前申请外，上市后再增持。

腾讯的高估值理据

腾讯为什么可以享有这么高的市盈率（PE）？有三个原因。

第一，是阿里巴巴上市的计划，马云会炒起全世界的网络股，理由是阿里巴巴会以极高的PE上市，如果其他网络股的PE太低，阿里巴巴凭什么以高PE上市?

第二，是除了阿里巴巴外，2013年也是全球网络股上市的高峰期，包销大行自然会很努力地制造网络股神话。

第三，就是腾讯的业务不断地扩大，一方面想杀入阿里巴巴的地盘，另一方面也杀至其他新的行业，甚至进军金融业，打算开网上银行，这一切足以让投资者有无限的憧憬。

试想想，子虚乌有的比特币，已经教全球不少人真金白银地下注。网上金融的无限商机，可以带来无限的憧憬。属于蓝筹股的腾讯炒起，同类型的二、三线网股自然也跟着飞升。

腾讯每一次宣布收购企业，股价就创新高，投资者希望腾讯每一次的收购，均能为集团提供更佳的盈利贡献与协同效应。透过不断地合并不同类型的企业，可以把自己的虚拟业务扩大，并进入实体经济。

从这个角度来看，TOM集团宣布与中国邮政合作后，股价炒高也的确有一定的道理。同样的道理，复星国际走的方向也是如此，通过扩大自己的不同业务，希望将来不同业务之间能出现合作的关系。

腾讯与阿里巴巴的崛起，还有一个原因。2014年5月，美国司法部越洋控告数名中国解放军军官，指控这批军官犯了网络间谍罪，控状指他们以黑客手法入侵美国企业网站盗取资料。因为这批解放军军官全部在中国，所以控告并不是真的抓了这几名军官，送他们上美国法院受审，实际上是摆政治姿态多过法律行动。

控状公布后，中国除外交部发声明反击外，同一天，不知道是凑巧还是有意，中国政府下令所有政府机关不许装美国微软的Window8，可能是乘机扶持中国电脑业。过去几年，腾讯与阿里如何崛起？最重要的原因，就是中国政府要直接监管美国类似网站这些美国网站不让中国政府监管，故失去中国市场。

不过，大家不要忘记，过去十年，多少著名IT企业由高峰往下跌？多少家世界首屈一指的手机品牌由高峰跌到谷底，甚至消失？还有，过去十年，多少人都曾经买过这只升一百倍的股，但是，就是因为没有长期持有，赚了一点点就卖掉了？

当你长期投资一家企业的股票，你就要想象自己是这家企业的老板，企业的经营模式，内容是不是你所认同的？前景如何？为什么巴菲特当年不投资IT股？我想，理由之一是IT企业的竞争靠的是不断的创新，有价值的创新。那么，有多少家IT企业有能力长期创新？今日，苹果电脑很红，微软很红，将来呢？

看好联想买摩托罗拉

2014年2月，我一直在留意联想（0992），集团在公布收购摩托罗拉手机业务后，股价急跌，由11港币跌至8港币之下。我很看重这个行动，认为是好事，市场却认为是坏事。我不会去接跌势不止的股票，因此耐心地等。2014年2月底终于决定买入，因为股价终于大幅突破了，重回8港币以上。

市场认为此次收购是坏事。因为摩托罗拉是过了气、走下坡的手机，可是当年联想收购IBM个人电脑时，IBM个人电脑也一样正在走下坡。我认为，摩托罗拉手机仍有其分量，联想不是要这个品牌，而是要这家企业内的技术人才，一些联想内部所缺乏的人才。更重要的是，把个人电脑、平板电脑与手机业务串连，产生的协同效应巨大，苹果电脑就是一家如此跨产业的组合。Facebook、阿里巴巴、腾讯不断进行收购，目的也是想把不同的业务共冶一炉，提炼出更强而有力的新产品。

当年联想收购IBM个人电脑业务挨过一段苦日子，不过，有耐性的投资者最终会赚钱。

第6章

沪港通投资机制须知

chapter 06

第6章

沪港通投资机制须知

贯穿两地的沪港通推出，在起步阶段仍然存在不少限制，投资者需要注意当中的规定，准确捕捉机遇。

chapter 06

可买卖股份大全

港股通——即北水南下，通过机制在内地买卖香港特定的股票。上海证券交易所规定，内地的机构投资者，及符合条件的个人投资者才可以参与买卖港股。所谓符合条件的个人投资者，即其证券户口及资金户口资金合计不低于人民币50万元。

沪股通——即南水北上，投资者通过香港投资上海股市规定内的股票。所有香港及海外投资者均可参与，没有特别限制。

什么股份可买卖

沪港通起步阶段，对内地交易者而言，可以购买的只有特定的恒生指数成分股。其他产品如基金、债券，以及其他证券都不包括在内。可买卖的H股包括以下三类：

1）恒生综合大型指数成分股

根据恒生对于指数的定义，恒生香港大型股指数共有15只成分股，目标是覆盖恒生香港综合指数成分股总市值的百分之八十。若成分股的市值排名跌至18位以下时，便会被剔除，而排名于第12位以上的公司则会被挑选进指数。

2）恒生综合中型指数成分股

恒生香港中型股指数共有35只成分股，目标是覆盖紧接恒生香港大型股指数总市值80%后的15%。若此成分股的市值排名跌至第60位以下时，便会被剔除，而排名于第40位以上的公司则会被挑选进指数。

3）同时在港交所及上交所上市的AH股

表6—1列出了涵盖在以上三者内的股份，不过要注意指数内的成分股，他们会不时作出更新。

表6—1　　港股通股票名单（2014年12月2日）

证券代码	英文简称	中文简称
00001	CHEUNG KONG	长江实业
00002	CLP HOLDINGS	中电控股
00003	HK & CHINA GAS	香港中华煤气
00004	WHARF HOLDINGS	九龙仓集团
00005	HSBC HOLDINGS	汇丰控股
00006	POWER ASSETS	电能实业
00008	PCCW	电讯盈科
00011	HANG SENG BANK	恒生银行

续前表

证券代码	英文简称	中文简称
00012	HENDERSON LAND	恒基地产
00013	HUTCHISON	和记黄埔
00014	HYSAN DEV	希慎兴业
00016	SHK PPT	新鸿基地产
00017	NEW WORLD DEV	新世界发展
00019	SWIRE PACIFIC A	太古股份公司 A
00020	WHEELOCK	会德丰
00023	BANK OF E ASIA	东亚银行
00027	GALAXY ENT	银河娱乐
00038	FIRST TRACTOR	第一拖拉机股份
00041	GREAT EAGLE H	鹰君
00054	HOPEWELL HOLD	合和实业
00066	MTR CORPORATION	港铁公司
00069	SHANGRI-LA ASIA	香格里拉（亚洲）
00081	CH OVS G OCEANS	中国海外宏洋集团
00083	SINO LAND	信和置业
00101	HANG LUNG PPT	恒隆地产
00107	SICHUAN EXPRESS	四川成渝高速公路
00116	CHOW SANG SANG	周生生
00119	POLY PROPERTY	保利置业集团
00123	YUEXIU PROPERTY	越秀地产
00135	KUNLUN ENERGY	昆仑能源
00142	FIRST PACIFIC	第一太平
00144	CHINA MER HOLD	招商局国际
00148	KINGBOARD CHEM	
00151	WANT WANT CHINA	中国旺旺
00152	SHENZHEN INT'L	深圳国际
00165	CHINA EB LTD	中国光大控股
00168	TSINGTAO BREW	青岛啤酒股份
00173	K. WAH INT'L	嘉华国际
00175	GEELY AUTO	吉利汽车
00177	JIANGSU EXPRESS	江苏宁沪高速公路
00178	SA SA INT'L	莎莎国际
00179	JOHNSON ELEC H	德昌电机控股

续前表

证券代码	英文简称	中文简称
00200	MELCO INT'L DEV	新濠国际发展
00215	HUTCHTEL HK	和记电讯香港
00220	U-PRESID CHINA	统一企业中国
00242	SHUN TAK HOLD	信德集团
00257	CHINA EB INT'L	中国光大国际
00267	CITIC	中信股份
00270	GUANGDONG INV	粤海投资
00272	SHUI ON LAND	瑞安房地产
00283	GOLDIN PPT	高银地产
00291	CHINA RESOURCES	华润创业
00293	CATHAY PAC AIR	国泰航空
00297	SINOFERT	中化化肥
00300	KUNMING MACHINE	昆明机床
00303	VTECH HOLDINGS	
00308	CHINA TRAVEL HK	香港中旅
00315	SMARTONE TELE	数码通电讯
00316	OOIL	东方海外国际
00317	GUANGZHOU SHIP	广州广船国际股份
00322	TINGYI	康师傅控股
00323	MAANSHAN IRON	马鞍山钢铁股份
00330	ESPRIT HOLDINGS	思捷环球
00336	HUABAO INTL	华宝国际
00338	SHANGHAI PECHEM	上海石油化工股份
00358	JIANGXI COPPER	江西铜业股份
00363	SHANGHAI IND H	上海实业控股
00371	BJ ENT WATER	北控水务集团
00384	CHINA GAS HOLD	中国燃气
00386	SINOPEC CORP	中国石油化工股份
00388	HKEX	香港交易所
00390	CHINA RAILWAY	中国中铁
00392	BEIJING ENT	北京控股
00410	SOHO CHINA	ＳＯＨＯ中国
00425	MINTH GROUP	敏实集团
00440	DAH SING	大新金融

续前表

证券代码	英文简称	中文简称
00460	SIHUAN PHARM	四环医药
00489	DONGFENG GROUP	东风集团股份
00493	GOME	国美电器
00494	LI & FUNG	利丰
00506	CHINA FOODS	中国食品
00511	TVB	电视广播
00522	ASM PACIFIC	
00525	GUANGSHEN RAIL	广深铁路股份
00530	GOLDIN FIN HOLD	高银金融
00548	SHENZHENEXPRESS	深圳高速公路股份
00551	YUE YUEN IND	裕元集团
00552	CHINACOMSERVICE	中国通信服务
00553	NANJING PANDA	南京熊猫电子股份
00564	ZMJ	郑煤机
00566	HANERGY TFP	汉能薄膜发电
00586	CONCH VENTURE	海螺创业
00588	BEIJING N STAR	北京北辰实业股份
00590	LUK FOOK HOLD	六福集团
00604	SHENZHEN INVEST	深圳控股
00606	CHINA AGRI	中国粮油控股
00636	KERRY LOG NET	嘉里物流
00639	SHOUGANG RES	首钢资源
00656	FOSUN INTL	复星国际
00659	NWS HOLDINGS	新创建集团
00669	TECHTRONIC IND	创科实业
00670	CHINA EAST AIR	中国东方航空股份
00683	KERRY PPT	嘉里建设
00688	CHINA OVERSEAS	中国海外发展
00691	SHANSHUI CEMENT	山水水泥
00700	TENCENT	腾讯控股
00728	CHINA TELECOM	中国电信
00732	TRULY INT’L	信利国际
00737	HOPEWELL INFR	合和公路基建
00751	SKYWORTHDIGITAL	创维数码

续前表

证券代码	英文简称	中文简称
00753	AIR CHINA	中国国航
00754	HOPSON DEV HOLD	合生创展集团
00762	CHINA UNICOM	中国联通
00813	SHIMAO PROPERTY	世茂房地产
00817	FRANSHION PPT	方兴地产
00829	SHENGUAN HLDGS	神冠控股
00836	CHINA RES POWER	华润电力
00846	MINGFA GROUP	明发集团
00857	PETROCHINA	中国石油股份
00861	DIGITAL CHINA	神州数码
00867	CMS	康哲药业
00868	XINYI GLASS	信义玻璃
00874	BAIYUNSHAN PH	白云山
00880	SJM HOLDINGS	澳博控股
00881	ZHONGSHENG HLDG	中升控股
00883	CNOOC	中国海洋石油
00902	HUANENG POWER	华能国际电力股份
00914	ANHUI CONCH	安徽海螺水泥股份
00916	CHINA LONGYUAN	龙源电力
00917	NEW WORLD CHINA	新世界中国
00934	SINOPEC KANTONS	中石化冠德
00939	CCB	建设银行
00941	CHINA MOBILE	中国移动
00960	LONGFOR PPT	龙湖地产
00966	CHINA TAIPING	中国太平
00981	SMIC	中芯国际
00991	DATANG POWER	大唐发电
00992	LENOVO GROUP	联想集团
00995	ANHUIEXPRESSWAY	安徽皖通高速公路
00998	CITIC BANK	中信银行
01038	CKI HOLDINGS	长江基建集团
01044	HENGAN INT’L	恒安国际
01053	CHONGQING IRON	重庆钢铁股份
01055	CHINA SOUTH AIR	中国南方航空股份

续前表

证券代码	英文简称	中文简称
01065	TIANJIN CAPITAL	天津创业环保股份
01066	WEIGAO GROUP	威高股份
01068	YURUN FOOD	雨润食品
01071	HUADIAN POWER	华电国际电力股份
01072	DONGFANG ELEC	东方电气
01083	TOWNGAS CHINA	港华燃气
01088	CHINA SHENHUA	中国神华
01093	CSPC PHARMA	石药集团
01099	SINOPHARM	国药控股
01108	LUOYANG GLASS	洛阳玻璃股份
01109	CHINA RES LAND	华润置地
01111	CHONG HING BANK	创兴银行
01112	BIOSTIME	合生元
01114	BRILLIANCE CHI	
01117	CH MODERN D	现代牧业
01128	WYNN MACAU	永利澳门
01138	CHINA SHIP DEV	中海发展股份
01165	SFCE	顺风清洁能源
01169	HAIER ELEC	海尔电器
01171	YANZHOU COAL	兖州煤业股份
01177	SINO BIOPHARM	中国生物制药
01186	CHINA RAIL CONS	中国铁建
01193	CHINA RES GAS	华润燃气
01199	COSCO PACIFIC	中远太平洋
01205	CITIC RESOURCES	中信资源
01208	MMG	五矿资源
01212	LIFESTYLE INT’L	利福国际
01230	YASHILI INT’L	雅士利国际
01288	ABC	农业银行
01293	BAOXIN AUTO	宝信汽车
01299	AIA	友邦保险
01313	CHINARES CEMENT	华润水泥控股
01333	CHINA ZHONGWANG	中国忠旺
01336	NCI	新华保险

续前表

证券代码	英文简称	中文简称
01339	PICC GROUP	中国人民保险集团
01359	CHINA CINDA	中国信达
01378	CHINAHONGQIAO	中国宏桥
01382	PACIFICTEXTILES	互太纺织
01387	RENHE COMM	人和商业
01398	ICBC	工商银行
01618	MCC	中国中冶
01619	TIANHE CHEM	天合化工
01638	KAISA GROUP	佳兆业集团
01668	CHINASOUTHCITY	华南城
01680	MACAU LEGEND	澳门励骏
01728	ZHENGTONGAUTO	正通汽车
01766	CSR	中国南车
01800	CHINA COMM CONS	中国交通建设
01813	KWG PROPERTY	合景泰富
01828	DCH HOLDINGS	大昌行集团
01833	INTIME	银泰商业
01880	BELLE INT’L	百丽国际
01882	HAITIAN INT’L	海天国际
01888	KB LAMINATES	建滔积层板
01898	CHINA COAL	中煤能源
01918	SUNAC	融创中国
01919	CHINA COSCO	中国远洋
01928	SANDS CHINA LTD	金沙中国有限公司
01929	CHOW TAI FOOK	周大福
01972	SWIREPROPERTIES	太古地产
01988	MINSHENG BANK	民生银行
01999	MAN WAH HLDGS	敏华控股
02007	COUNTRY GARDEN	碧桂园
02008	PHOENIX TV	凤凰卫视
02009	BBMG	金隅股份
02018	AAC TECH	瑞声科技
02020	ANTA SPORTS	安踏体育
02038	FIH	富智康集团

续前表

证券代码	英文简称	中文简称
02128	CHINA LESSO	中国联塑
02168	YINGDE GASES	盈德气体
02196	FOSUN PHARMA	复星医药
02238	GAC GROUP	广汽集团
02282	MGM CHINA	美高梅中国
02313	SHENZHOU INTL	申洲国际
02314	LEE & MAN PAPER	理文造纸
02318	PING AN	中国平安
02319	MENGNIU DAIRY	蒙牛乳业
02328	PICC P&C	中国财险
02333	GREATWALL MOTOR	长城汽车
02356	DAHSING BANKING	大新银行集团
02380	CHINA POWER	中国电力
02386	SINOPEC SEG	中石化炼化工程
02388	BOC HONG KONG	中银香港
02600	CHALCO	中国铝业
02601	CPIC	中国太保
02607	SH PHARMA	上海医药
02628	CHINA LIFE	中国人寿
02688	ENN ENERGY	新奥能源
02689	ND PAPER	玖龙纸业
02727	SH ELECTRIC	上海电气
02777	R&F PROPERTIES	富力地产
02866	CSCL	中海集运
02877	SHINEWAY PHARM	神威药业
02880	DALIAN PORT	大连港
02883	CHINA OILFIELD	中海油田服务
02899	ZIJIN MINING	紫金矿业
03308	GOLDEN EAGLE	金鹰商贸集团
03311	CHINA STATE CON	中国建筑国际
03323	CNBM	中国建材
03328	BANKCOMM	交通银行
03333	EVERGRANDE	恒大地产
03360	FE HORIZON	远东宏信

续前表

证券代码	英文简称	中文简称
03368	PARKSON GROUP	百盛集团
03377	SINO–OCEAN LAND	远洋地产
03380	LOGAN PPT	龙光地产
03383	AGILE PROPERTY	雅居乐地产
03389	HENGDELI	亨得利
03618	CQRC BANK	重庆农村商业银行
03800	GCL–POLY ENERGY	保利协鑫能源
03808	SINOTRUK	中国重汽
03888	KINGSOFT	金山软件
03898	CSR TIMES ELEC	南车时代电气
03899	CIMC ENRIC	中集安瑞科
03900	GREENTOWN CHINA	绿城中国
03968	CM BANK	招商银行
03988	BANK OF CHINA	中国银行
03993	CMOC	洛阳钼业
03998	BOSIDENG	波司登
06030	CITIC SEC	中信证券
06199	CHINA CNR	中国北车
06808	SUNART RETAIL	高鑫零售
06818	CEB BANK	中国光大银行
06837	HAITONG SEC	海通证券
06863	HUISHAN DAIRY	辉山乳业

而对于香港交易者而言，可买卖的A股如下：

1）上证180指数成分股

指数内的成分股，是在所有A股股票中抽取最具市场代表性的180只股票，自2002年7月1日起正式发布。成分股会每半年调整一次，每次调整比例一般不超过10%。

2）上证380指数成分股

指数是由380家规模适中、成长性好、盈利能力强的公司组成，以综合反映上交所一批新兴蓝筹公司的整体表现。

3）同时在港交所及上交所上市的AH股

具体股票名目也可参加上表。

投资程序及交易时间

内地投资者可以通过A股账户买卖港股，香港及海外投资者则可以通过港股账户买卖上海A股。香港投资者在香港通过香港经纪商买卖上海A股，内地投资者在内地通过内地证券公司买卖港股。两地交易都由两地交易所各自集中处理。北向南向都是用人民币买卖，南下资金将沿路往返。

北上买沪股按照上交所的交易时间，而港交所会在内地市场早市及午市开市前五分钟，接受北上买沪股的订单。而南下买港股则按港交所的交易时间进行。

<table>
<tr><th>上交所交易时段</th><th>上交所交易时间</th><th>北上订单收盘时段</th></tr>
<tr><td>开市集合竞价</td><td>09:15–09:25</td><td rowspan="2">09:10–11:30</td></tr>
<tr><td>早市</td><td>09:30–11:30</td></tr>
<tr><td>午市</td><td>13:00–15:00</td><td>12:55–15:00</td></tr>
</table>

计划推出初期，投资者只可以在两地市场都开市，及两地市场银行于相关的交易日都有运营之下进行交易，以确保两地的投资者及证券行可以在相关结算日，通过银行收发相关款项。

注意额度限制

沪港通交易初期受制于额度限制，包括跨境投资总额度及每日额度。资金北上买卖上海股票，总额度为3 000亿元人民币，而每日额度为130亿元人民币。而资金南下买卖港股，总额度为2 500亿元人民币，而每日额度则为105亿元人民币。相关限额都以“净买盘”计算。换言之，以净额计的交易额，若达到限额水平，有关的买盘交易会暂停，直至有卖盘出现，腾出额度才会恢复买盘。

总额度余额=总额度－买盘成交总额＋卖盘成交总额

每日额度余额=每日额度－买盘订单＋卖盘成交金额

附录 1　恒生综合指数系列

恒生综合指数系列以香港股票市场 200 家市值最高的公司为成股份。指数系列涵盖在香港联交易所（联交所）主板上市公司总市值约百分之九十，并列分为地域指数及行业指数两个组别，旨在为在联交所上市的香港股票表现提供一套全面的指标。

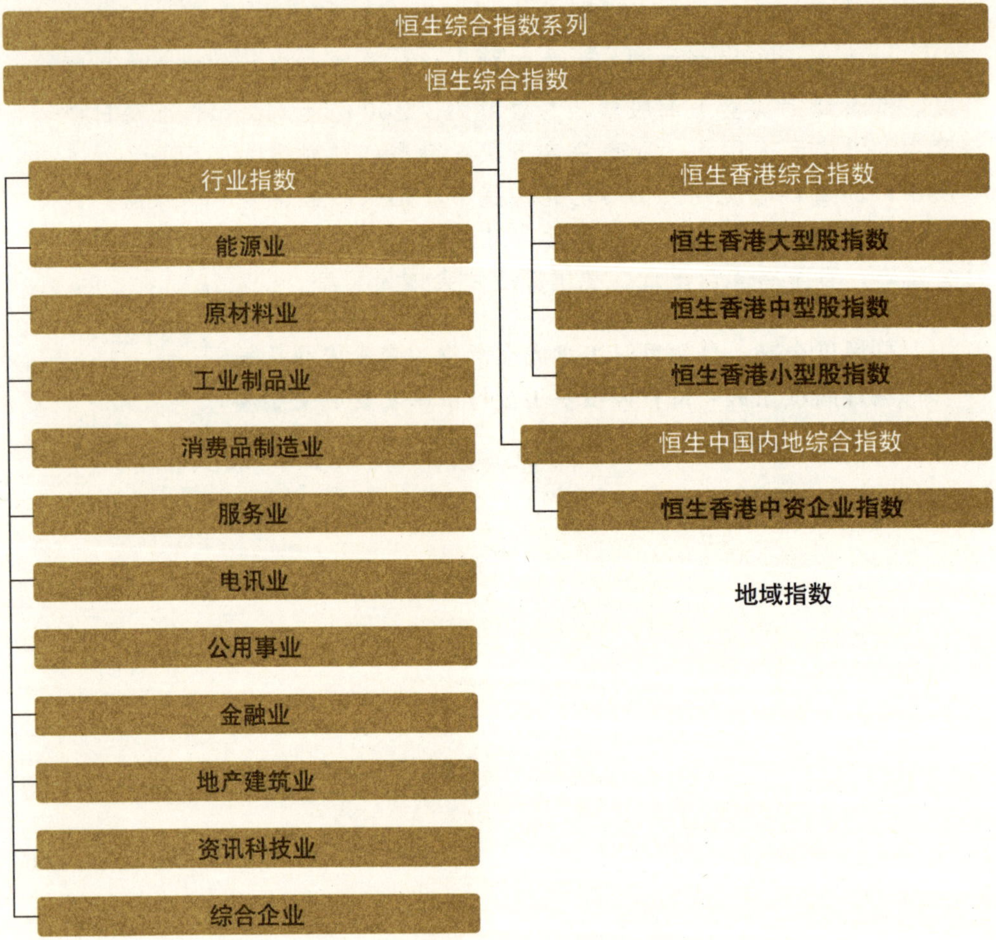

选股范畴

合资格股份选自在联交所主板作第一上市的公司，包括 H 股，但以下股份除外：

1. 以联交所主板作第二上市的公司；
2. 创业板市场之股票；
3. 先股、债务证券及其他衍生工具。

挑选准则

上市时间准则

不设上市时间要求。新上市之公司只要符合以下成交量准则，即可于下一次成份股检讨时被选为成份股。

成交量准则

除停牌的日子外，在过去 12 个月中，成份股不能有超过 20 天在市场上欠缺成交。若公司上市不足一年，则按比例计算。

换出

于每半年的检讨周期中，下列成份股会被换出：12 个月平均市值排名跌至首 240 位以下。

加入

于每半年的检讨周期中，下列成份股会被换入：符合成交量准则；及 12 个月平均市值排名跃升至首 160 位以上。

指数编算

恒生综合指数系列旗下的所有指数均采用总市值加权法计算指数。

恒生香港综合指数、恒生中国内地综合指数

恒生综合指数划分为两个地域指数，分别是恒生中国内地综合指数及恒生香港综合指数。两个地域指数为投资者提供不同的指标，以反映因公司业务主要经营地域的差异而可能带来不同的回报及风险。

挑选准则

超过百分之五十的营业收入（视乎情况，亦可参考其盈利或总资产值）来自中国内地的恒生综合指数成份股公司将会被纳入恒生中国内地综合指数。不被包括在恒生中国内地综合指数的公司，而其营业收入主要来自香港或中国内地以外的地方，则会被纳入恒生香港综合指数。

成份股的地域分类根据公开资料每年作出检讨。为保持地域指数分类的稳定性，当一个公司已包括在恒生中国内地综合指数后，除非其来自中国内地之营业收入 / 盈利 / 资产总值于年内下跌并低于百分之三十，或连续两年下跌并低于百分之四十，否则该公司仍被维持原有之地域分类及会被保留于该指数内。

恒生香港综合指数及恒生中国内地综合指数的成份股数目，将根据恒生综合指数内的 200 成份股其各自的地域分类而决定。

恒生香港大型股、中型股、小型股指数

按公司的市值大小，恒生香港综合指数再细分为三个分类指数。

挑选准则

恒生香港大型股指数共有 15 只成份股，目标是覆盖恒生香港综合指数成份股总市值的百分之八十，当成份股检讨时，若成份股的市值排名跌至第 18 位以下时，便会从指数中剔除；而排名于第 12 位以上的公司则会被挑选进指数。

恒生香港中型股指数共有 35 只成份股，目标是覆盖紧接恒生香港大型股份指数总市值百分之八十后的百分之十五。于成份股检讨时，若成份股的市值排名跌至第 60 以下时，便会从指数中剔除；而排名于第 40 以上的公司则会被挑选进指数。

恒生香港小型股指数包括未被纳入恒生香港大型股指数及恒生香港中型股指数的恒生香港综合指数成份股，覆盖市值则为恒生香港综合指数总市值最后的百分之五。

恒生香港中资企业指数

恒生香港中资企业指数（红筹指数）的推出，旨在为投资者提供（红筹）公司，即具有中资背景并于中国内地以外的地方注册及香港上市的公司作出界定，及为投资者提供一项相关的参考指标。

挑选准则

作为恒生综合指数系列的成员，红筹指数的成份股均选自恒生综合指数系列下的 200 家公司。要成为红筹指数成份股，

须最少有百分之三十股由中国内地机构单位持有。此乃参考证券及期货事务监察委员会制定之（收购及合并守则），以持有百分之三十之股为策略性股。红筹指数为恒生中国内地综合指数下的指数，故成份股公司最少须有百分之五十之营业收入（视乎情况，亦可参考其盈利或总资产值）来自中国内地。

恒生综合指数一行业指数

恒生综合指数的 200 只成份股，按不同行业分成 11 个行业指数，反映香港股票市场内不同行业的表现。恒生综合指数系列的成份股将根据其业务性质，采用恒生行业分类系统，编入最相近的行业分类。各公司将主要以不同业务的营业收入作为行业分类的准则。若公司的盈利或资产来源更能反映业务状况，亦会将之列入考虑。该 11 个行业为：

00 能源业（“ENE”）	30 服务业（“SER”）	60 地产建筑业（“P&C”）
05 原材料业（“MAT”）	35 电讯业（“TEL”）	70 资讯科技业（“IT”）
10 工业制品业（“IND”）	40 公用事业（“UTI”）	80 综合企业（“CGM”）
20 消费品制造业（“CSG”）	50 金融业（“FIN”）	

附录 2　中港金融词汇对照表

由于内地及香港两地的市场术语有所不同，为方便内地投资者掌握香港的市场信息，香港交易所摘录了香港媒体的财经新闻报道及香港交易所网站内经常出现的词语，并将这些词汇与其意思相同或相若的内地市场术语对照，编成以下的词汇对照表。词汇以汉语拼音排序。

拼音	香港市场术语	内地市场术语	英语
A	按盘价	名义价格	nominal price
	暗盘买卖	灰市交易	grey market price
	按金	押金；保证金	deposit
B	被挟仓；被逼仓	被迫仓	squeezed
	补仓；追收孖展	追加保证金通知	margin call
C	除牌	摘牌	delisting
	除净日	除权日	ex-date
	筹集资金	募集资金	capital formation
	长仓；好仓	多头仓位	long position
	出市员	出市代表	floor trader; authorised clerk
	长揸	长期持有	hold for long term
D	董事袍金	董事费；董事报酬	directors' fee
	对冲	对冲交易；套利交易；套期保值	hedging
	对盘	报价撮合；对盘	order matching
	点子	基点	basis point
	大额持仓申报制度	大户报告制度	large position reporting system
	大闸蟹；被缚	套牢；多头套牢；空头套牢；给套住	tied up

	大手交易	大额交易	block trade
	短仓；淡仓	空头；短仓	short position
	股息	红利；股利；股息	dividend
F	覆盘	确认指令；执行委托回报	order confirmation
	风险披露声明	风险披露书	risk disclosure statement
G	股份代号	股票代码	stock code
	股份购回	股份回购	share repurchase
	股份过户登记处	股份登记处；证券登记机构	share registrar
	股价敏感数据	股价敏感性信息	price-sensitive information
	窝轮；权证	权证	warrant
	高于面值	溢价	above par
	沽空对冲	卖出保值	selling hedge
	股份拆细	股份拆细；分拆；分割	split
H	核数师	审计师	auditor
	红股派送	送股	scrip issue; issue of bonus share
	互惠基金	共同基金	mutual fund
	好淡争持	多空争夺	trading at narrow ranges
	核数	审计	auditing
	好友；看好股市者	多方	optimist
	获豁免交易商；获免注册交易商	豁免注册自营商	exempt dealer
	行业	板块	sector
	红背心	红马甲	trader's vest
	毫子股	香港专有用语，	low priced stock

		指股价低于港币 1 元，但高于港币 1 角的股票	
	红底股	香港专有用语，指股价超过港币 100 元的股票	stock trading at $100 or above
J	交收	交割；交收	settlement
	交易所买卖基金	交易所交易基金	Exchange Traded Fund (ETF)
	结算	清算	clearing
	经纪行	券商；证券商	brokerage firm
	基本因素	基本面	basic factors
	基金单位持有人	基金份额持有人	fund unit holder
	挟好仓	多杀多；轧多；轧多头	long squeeze
	挟淡仓	空杀空；轧空	short squeeze
	交易柜位	交易席位；交易单元	trading booth
	即日鲜	当天交易；即日平仓买卖	day trade transaction
	价外	较现价不利	out-of-the-money
	价内	较现价有利	in-the-money
K	空仓	空仓；空头	short position
	开市价；开盘价	开盘价格	opening price
	开市前议价时段	集合竞价时段	pre-market opening session
	客户户口；客户账户	委托人账户	client account
	可换股债券	可转换债券	convertible bond
	斩仓	被迫抛售	forced liquidation

	开仓	建仓	open a position
L	裂口高开	跳空高开	open high at gap
	累积	积累	accumulate
	落后股	补涨股	laggard
	老鼠仓活动；食价	抢帽子；倒卖；投机倒把	scalping
	落盘	下单	placing order
M	孖展户口	保证金账户	margin account
	买盘	买单委托；买方指令；买入委托	buy order
	卖盘	卖单委托；卖方委托；卖出委托	sell order
N	牛皮（市况状态）	箱体	stagnant market
P	披露权益	权益披露	disclosure of interests
	平均每日成交额	平均日成交额	average daily turnover
	票面息率；票面利率	票面利率	coupon rate
	平衡价格	均衡价格	equilibrium price
	平价	等价	at-the-money
Q	企业管治	公司治理	corporate governance
	强制清盘	强制清算	compulsory liquidation
	企业狙击手	企业狙击者	corporate raider
	清偿债项	解除债务	discharge of a debt
R	入场费	投资起点；认购起点	minimum subscription fee
S	市场失当行为	市场不当行为	market misconduct

	收市价	收盘价	closing price
	碎股	零股	odd lot
	升幅	涨幅	percentage gain
	市场焦点	市场热点	market focus
	实物股票；实股	实券	physical script
	市况疲弱	盘软	weak market
	手	买卖单位	board lot
	神仙股	香港专有用语， 指涨跌幅 很大的股票	
T	套戥	套利买卖	arbitrage
X	限价盘	限价委托	limit order
	行使	行权	exercise
	行使日期	行权日期	exercise date
	细价股	小盘股	small cap stock
	新股认购	申购新股	subscription of new stock
	仙股	香港专有用语， 指股价低于 港币 1 毫 (10 分) 的股票。	penny stock
Y	拥有权	所有权	ownership
	月结单	每月对账单	monthly statement
	预托证券	存托凭证	depositary receipt
	盈利警告；盈警	利润警告	profit warning
Z	止蚀盘	止损委托	stop order; stop–loss order
	中介人	金融中介机构	intermediary
	信息供货商	信息供货商	information vendors
	做好；做淡	做多；做空	long; short
	折让	折价	discount
	债券孳息；	债息收益	coupon yield

债券息率		
重磅股；重量级股票	重仓股；权重股	heavy weight stock
震仓	震盘；轧空头	squeeze
走势强劲	盘坚	strong market
支持位；支持区	支撑线	support level; supportive level
招股价	发行价	issue price
招股书	招股说明书	prospectus

机不可失：寻找沪港通的股市机遇

曾渊沧 著

图书在版编目（CIP）数据

机不可失：寻找沪港通的股市机遇 / 曾渊沧著．—北京：中国人民大学出版社，2015.1
ISBN 978-7-300-20506-9

I.①机... II.①曾... III.①金融投资－研究－中国 IV.①F832.48

中国版本图书馆 CIP 数据核字（2014）第305768号

天窗文化
ENRICH CULTURE

机不可失：寻找沪港通的股市机遇

曾渊沧 著

Ji Bu Ke Shi

出版发行	中国人民大学出版社		
社　　址	北京中关村大街31号	**邮政编码**	100080
电　　话	010－62511242（总编室）		010－62511770（质管部）
	010－82501766（邮购部）		010－62514148（门市部）
	010－62515195（发行公司）		010－62515275（盗版举报）
网　　址	http://www.crup.com.cn		
	http://www.ttrnet.com（人大教研网）		
经　　销	新华书店		
印　　刷	北京易丰印捷科技股份有限公司		
规　　格	170mm × 210mm 16开本	**版　　次**	2015年1月第1版
印　　张	12.25	**印　　次**	2015年1月第1次印刷
字　　数	120 000	**定　　价**	42.00元
